Canllaw Bychan ar gyfer Deall Clefyd Alzheimer a Mathau Eraill o Ddementia

Dr James Warner a Dr Nori Graham

atebol

Y fersiwn Saesneg

Cyhoeddwyd yr ail argraffiad yn 2018
gan Jessica Kingsley Publishers, 73 Collier Street, London N1 9BE
www.jkp.com

Hawlfraint ©James Warner a Nori Graham 2009, 2018

Y fersiwn Cymraeg:

Cyhoeddwyd yn y Gymraeg gan Atebol Cyfyngedig,
Adeiladau'r Fagwyr, Llanfihangel Genau'r Glyn, Aberystwyth, Ceredigion SY24 5AQ

Addaswyd gan Delyth Roberts
Dyluniwyd gan Owain Hammonds
Hawlfraint © Atebol Cyfyngedig 2019

Mae'r awdur a'r cyhoeddwr wedi gwneud pob ymdrech i sicrhau bod y gwefannau allanol, y cyfeiriadau e-bost a'r wybodaeth sydd yn y llyfr hwn yn gywir ac yn gyfredol adeg mynd i'r wasg. Nid yw'r awdur a'r cyhoeddwr yn gyfrifol am gynnwys, ansawdd na hygyrchedd parhaus y gwefannau.

ISBN 978-1-912261-80-2

www.atebol-siop.com

Pwysig

Nid yw'n fwriad i neb ddefnyddio'r wybodaeth sydd yn y llyfr yn lle cyngor meddygol personol, ond yn hytrach fel modd i'r claf sy'n dymuno deall rhagor am ei gyflwr ategu'r cyngor hwnnw.

Cyn cael unrhyw fath o driniaeth *dylech bob amser ymgynghori â'ch ymarferwr meddygol*. Yn neilltuol ac yn benodol, dylech sylwi bod gwyddoniaeth feddygol yn datblygu'n gyflym iawn ac fe allai peth o'r wybodaeth am gyffuriau a thriniaethau ddyddio'n fuan iawn.

Yr awduron

Mae Dr James Warner BSc, MBBS, MD, MRCP, FRCPsych yn feddyg ymgynghorol seiciatreg yr henoed yn Ymddiriedolaeth Sefydledig Gwasanaeth Iechyd Gwladol Canol Gogledd Orllewin Llundain ac yn Gyfarwyddwr Meddygol Halcyon Doctors. Mae'n gweithio mewn timau sy'n asesu ac yn trin pobl hŷn sydd ag afiechyd meddwl a dementia. Mae diddordebau academaidd Dr Warner yn cynnwys dysgu, seicoleg seiliedig ar dystiolaeth ac ymchwilio i ddementia. Mae wedi cyfrannu at dros 100 papur gwyddonol ac at sawl llyfr a phennod mewn llyfrau. Bu Dr Warner yn gadeirydd Cyfadran Seiciatreg yr Henoed yng Ngholeg Brenhinol y Seiciatryddion rhwng 2012 a 2016. Mae'n Ymgynghorydd Cenedlaethol y Comisiwn Ansawdd Gofal yn Lloegr.

Mae Dr Nori Graham BM, BCh, FRCPsych (Anrh.), DUniv yn Feddyg Ymgynghorol Emeritws yn Seiciatreg yr Henoed yn y Royal Free Hospital, Llundain. Bu'n gyfrifol am flynyddoedd lawer am wasanaeth amlddisgyblaethol i bobl hŷn ag afiechyd meddwl. Roedd hi'n Gadeirydd yr Alzheimer's Society o 1987 tan 1994, ac yn Gadeirydd Alzheimer's Disease International (ADI), y sefydliad sy'n goruchwylio cymdeithasau Alzheimer ledled y byd, rhwng 1996 a 2002. Mae hi nawr yn Llywydd er Anrhydedd ADI. Ar hyn o bryd mae hi'n gyfarwyddwr anweithredol Gwasanaethau Gofal Preswyl Care UK. Cafodd ddoethuriaeth er anrhydedd gan y Brifysgol Agored yn 1996 am ei gwasanaeth i'r cyhoedd.

Cydnabyddiaethau

Diolch i Rachid Rhouzzal, gweithiwr cymdeithasol ym Mwrdeistref Frenhinol Kensington a Chelsea, am gyflwyno gwybodaeth gyfredol am adnoddau a budd-daliadau ac i'r Alzheimer's Society am eu cymorth wrth lunio'r addasiad Cymraeg.

Diolch hefyd i'r Athro John O'Brien a Dr Elijah Mak o Brifysgol Caergrawnt am y delweddau cyseiniant magnetig.

Cynnwys

1
Cyflwyniad

LLYFR I BWY YW HWN?
- Dwi'n meddwl 'mod i'n colli 'nghof
- Mae gen i berthynas neu ffrind sy'n dechrau ymddwyn yn od
- Beth yw clefyd Alzheimer?
- A yw clefyd Alzheimer yr un peth â dementia?
- Beth alla i ei wneud i rwystro fy hun rhag cael dementia?

Hwn yw'r llyfr i chi, os yw'r pwyntiau uchod yn canu cloch. Clefyd ar yr ymennydd yw dementia. Byddwn yn dechrau drwy ddiffinio dementia, cyn bwrw ymlaen i restru'r symptomau. Mae'r bennod hon yn mynd i'ch helpu chi i benderfynu a yw hi'n debygol bod dementia arnoch chi, neu ar aelod o'ch teulu, neu ar ffrind.

Ar ôl hynny, byddwn yn trafod triniaeth a sut i gael cymorth. Byddwn yn awgrymu wedyn sut i ddygymod â bywyd os cewch wybod bod dementia arnoch chi neu ar un o'ch anwyliaid. Y cam nesaf fydd ystyried sut y gall datblygiadau'r dyfodol newid y rhagolygon i bobl â dementia, disgrifio rhai cwestiynau cyffredin a chynnig ambell ateb. Yn olaf, byddwn yn disgrifio sut mae'r ymennydd yn gweithio. Mae rhannau o'r bennod honno braidd yn dechnegol, efallai y byddai'n well gennych chi beidio â'i darllen.

Mae llawer o fythau a chamwybodaeth ynglŷn â dementia. Mae'r llyfr hwn i bobl sydd â dementia neu i'r rheini sy'n poeni bod dementia arnyn nhw neu ar aelod o'r teulu neu ffrind. Mae hefyd yn amhrisiadwy i bobl sy'n byw neu'n gweithio gyda rhywun sydd â dementia.

Rydym yn gobeithio y byddwch, drwy ddarllen y llyfr hwn, yn deall yn well achos yr afiechyd a threfn y diagnosis a'r driniaeth.

BETH YW DEMENTIA?

Mae'r term 'dementia' yn cael ei ddefnyddio i ddisgrifio unrhyw gyflwr pan fydd gweithrediad yr ymennydd yn dirywio dros gyfnod. Gallai gyfeirio at y cof, y meddwl, y gallu i adnabod, defnyddio iaith neu gynllunio, ac at newidiadau mewn personoliaeth.

Nid yw dementia yn rhan arferol o heneiddio. Mae pawb yn mynd yn fwy anghofus wrth heneiddio; nid yw hynny'n golygu bod dementia arnyn nhw. Y math mwyaf cyffredin o ddementia yw clefyd Alzheimer, ond mae sawl math arall hefyd.

PWY SY'N CAEL DEMENTIA?

Mae dementia'n gyffredin. Amcangyfrifir bod dementia ar dros dri chwarter miliwn o bobl yn y Deyrnas Unedig ac mae'r nifer hwn yn cynyddu. Wrth i bobl heneiddio mae'r risg o ddatblygu dementia yn codi'n gyflym. Amcangyfrifir bod rhyw fath o ddementia ar un ym mhob chwech dros 80 oed.

Gall dementia effeithio ar unrhyw un. Mae pobl adnabyddus o bob cwr o'r gymdeithas megis Ronald Reagan, Harold Wilson, Margaret Thatcher, Iris Murdoch, Terry Pratchett, David Parry-Jones ac eraill wedi datblygu dementia. Mae'n broblem fyd-eang. Mae'n digwydd i bobl o bob carfan ethnig ac o bob haen o gymdeithas. Gall daro unrhyw un.

Mae'n bwysig adnabod yr arwyddion sy'n awgrymu y gall dementia fod ar rywun a chael diagnosis cywir yn gyflym. Felly bydd pobl yn gallu cynllunio'u bywydau tra bo'r gallu ganddyn nhw i wneud hynny, a chael dweud eu dweud ynglŷn â'u triniaeth. Mae cael diagnosis hefyd yn ddefnyddiol i egluro pam na fydd rhywun yn cael cystal hwyl ar wneud y pethau roedd yn arfer gallu eu gwneud. Bydd hefyd yn sicrhau ei fod yn cael y cymorth angenrheidiol. Yn ogystal, mae'n gysur gwybod nad oes dementia arnoch chi.

FFEITHIAU AC YSTADEGAU AM DDEMENTIA

Mae dementia'n gyffredin ac mae ar un ym mhob 90 yn y Deyrnas Unedig. Amcangyfrifir bod dementia ar dros 850,000 o bobl yn y Deyrnas Unedig ac y bydd hynny'n cynyddu i dros filiwn erbyn 2025.

Mae dementia'n anarferol iawn mewn pobl o dan 65 oed ond gall fod ar bobl mor ifanc â 30 oed. Dros 65 oed, mae dementia ar un ym mhob 20. Mae hyn yn codi i un ym mhob chwech dros 80 oed. Mae dwy ran o dair o bobl sydd â dementia yn byw gartref ac mae dementia ar 70 y cant o'r bobl sy'n byw mewn cartrefi gofal.

Mae dementia'n dod yn fwyfwy cyffredin oherwydd mai'r brif ffactor risg yw heneiddio ac mae pobl yn byw yn hŷn erbyn hyn. Fodd bynnag, mae nifer yr achosion newydd o ddementia ym mhob 1000 o'r boblogaeth yn gostwng, yn bennaf oherwydd bod iechyd pobl yn well yn gyffredinol. Ni fydd un ym mhob tri sydd â dementia byth yn cael diagnosis o'i gyflwr.

Gall pobl sy'n datblygu dementia fyw am flynyddoedd lawer gyda'r cyflwr. Bydd bron pawb sydd â dementia yn gwaethygu gydag amser a bydd angen gofal ar nifer mawr ohonyn nhw yn y pen draw oherwydd na fyddan nhw'n gallu byw'n ddiogel ar eu pen eu hunain. Nid yw'n anghyffredin i rywun fyw am hyd at ddeng mlynedd ar ôl cael diagnosis a bydd yn marw yn y diwedd oherwydd rhyw reswm arall.

DIAGNOSIS A THRIN DEMENTIA

Mae'r syniad o gael diagnosis o ddementia yn un brawychus. Gall cyflyrau eraill, megis iselder a rhai afiechydon corfforol fel clefyd Parkinson, fod yn debyg i ddementia. Dim ond ar ôl archwiliad manwl gan feddyg y gellir cynnig diagnosis o ddementia.

Dros yr ugain mlynedd diwethaf bu llawer o ymchwil i driniaethau ar gyfer dementia ac mae cyffuriau ar gael erbyn hyn i drin colli'r cof a phroblemau meddwl. Bu llawer o gynnydd mewn deall sut i gefnogi rhywun sydd â dementia, ei deulu a'i ofalwyr.

Yn y llyfr hwn, rydym yn disgrifio sut y rhoddir diagnosis o ddementia a sut mae'n cael ei drin. Mae'n bwysig cofio nad yw'r holl wasanaethau a chyfleusterau a ddisgrifir yn y llyfr hwn ar gael ym mhob man.

BYW GYDA DEMENTIA

Gall pobl sydd â dementia fyw bywyd da gyda chymorth, cefnogaeth a gofal o ansawdd uchel. Mae mwy i ddementia nag anghofio pethau. Gall llawer o broblemau eraill godi'u pen yn ystod y salwch, gan gynnwys gorbryder, iselder, crwydro, gwlychu a baeddu a natur ymosodol. Mae cymorth ar gael ar gyfer y rhain hefyd ac rydym wedi cynnwys cyngor ymarferol i'ch helpu i ymdopi â'r problemau beunyddiol a all godi oherwydd dementia.

Trwy gydol y llyfr hwn rydym wedi defnyddio enghreifftiau i egluro rhai o'r problemau a'r anawsterau. Mae'r rhain yn seiliedig ar brofiadau cleifion go iawn, ond rydym wedi newid y manylion i'w gwneud yn anhysbys.

Pwyntiau allweddol

- Mae'r term 'dementia' yn disgrifio'r symptomau sy'n ymddangos pan fydd amrywiaeth o achosion gwahanol yn effeithio ar weithrediad yr ymennydd. Clefyd Alzheimer yw'r achos mwyaf cyffredin o ddigon
- Nid yw dementia yn rhan arferol o heneiddio
- Mae dementia yn gyffredin ac yn effeithio ar dros 850,000 o bobl yn y Deyrnas Unedig

2
Beth yw dementia?

Astudiaeth achos – Mary

Mae Mary, sy'n 79 oed, wedi ymddeol o'i gwaith yn y ffatri ac mae'n byw ar ei phen ei hun ers i'w gŵr farw dair blynedd yn ôl. Mae Mary yn pryderu fwyfwy am ei chof. Yn ddiweddar aeth i siopa a gadawodd ei throli siopa yn y llyfrgell pan alwodd heibio i ddychwelyd llyfr. Ar achlysur arall anghofiodd ei rhif PIN pan aeth i nôl ei phensiwn o swyddfa'r post.

Aeth at ei meddyg oherwydd iddi gredu ei bod hi'n datblygu clefyd Alzheimer. Gwrandawodd Dr Thomas yn astud ar ei phroblemau a threfnodd brofion ar ei chyfer. Fel y digwyddodd hi, nid oedd dementia ar Mary. 'Wrth i ni heneiddio mae'n cof ni'n gwaethygu,' meddai Dr Thomas wrthi hi. 'Ond dydy problem anghofio, ar ei phen ei hun, ddim yn golygu bod rhywun yn datblygu clefyd Alzheimer nac unrhyw fath arall o ddementia.'

Mae'r bennod hon yn egluro beth yw dementia ac yn amlinellu'r mathau cyffredin o ddementia a'r cyflyrau sy'n debyg iddo.

DIFFINIO DEMENTIA

Mae dementia yn derm am sawl cyflwr gwahanol sy'n effeithio ar yr ymennydd. Yn union fel mae'r gair 'arthritis' yn cyfeirio at yr hyn sy'n achosi mathau gwahanol o boen yn y cymalau, mae sawl math gwahanol o ddementia ac mae gan bob math symptomau sydd ychydig yn wahanol i'w gilydd. Clefyd Alzheimer yw'r achos mwyaf cyffredin o ddementia er bod llawer o achosion eraill.

Mae symptomau tebyg gan y rhan fwyaf o fathau o ddementia, sy'n cynnwys:

- anghofio, yn enwedig bethau sydd newydd ddigwydd
- problemau gyda meddwl a chynllunio
- anawsterau iaith, er enghraifft, methu cofio'r gair cywir am bethau
- methu adnabod pobl a phethau
- newid personoliaeth, er enghraifft, bod yn fwy dadleugar
- datblygu iselder, gorbryder a phroblemau seicolegol eraill.

Mae ein hymennydd yn gwneud nifer o bethau gwahanol. Mae gwneud paned o de yn ymddangos yn dasg syml, ond mewn gwirionedd mae'n dasg weddol gymhleth sy'n gofyn i'r ymennydd weithio mewn nifer o wahanol ffyrdd:

- Rydym yn dychmygu paned o de (meddwl haniaethol) ac yn penderfynu gwneud un (cymhelliad).
- Efallai y byddwn ni'n cynnig paned i rywun arall (iaith).
- Rydym yn cynllunio'r broses o wneud y te ac yn sicrhau ein bod yn gwneud popeth yn y drefn iawn – rhoi'r te yn y tebot cyn tywallt y dŵr berwedig arno (gweithredu).
- Rydym yn cofio ym mhle rydym yn cadw'r te, y siwgr a'r llaeth (cof).
- Rydym yn adnabod y tegell a'r tebot (adnabyddiaeth).
- Rydym yn rhoi'r tegell i ferwi ac yn hel y cynhwysion at ei gilydd (gweithredu swyddogaethol).
- Rydym yn gwrando ar y tegell yn berwi (gwrando) ac yn gofalu nad oes dim byd arall yn denu ein sylw (rhoi sylw a chanolbwyntio).
- Rydym yn tywallt yn ofalus (cydsymud) yr union fesur o ddŵr ar y te (barnu).
- Efallai y byddwn yn ychwanegu llaeth a siwgr i'r gwpan yn y drefn gywir (cynllunio).
- Rydym yn aros i'r te oeri'n ddigonol (barnu) ac yna'n mwynhau'r te (blasu).
- Trwy gydol hyn, mae'n debyg, y byddwn wedi siarad ac ymddwyn yn ôl ein harfer (personoliaeth).

Mae'r rhan fwyaf o bobl, rywbryd neu'i gilydd, wedi gwneud camgymeriad wrth wneud te. Er enghraifft, rhoi'r bagiau te yn yr oergell a'r llaeth yn y cwpwrdd yn hytrach nag fel arall. Picio i'r stafell drws nesaf i ofyn a oes eisiau paned ar rywun arall ac anghofio beth roeddech chi'n bwriadu'i ofyn, neu wneud paned ac anghofio'i hyfed.

Nid yw hyn yn golygu bod dementia arnoch chi. Pan fydd dementia ar rywun, fel arfer bydd sawl un o'r ffyrdd mae'r ymennydd yn gweithio a amlinellwyd eisoes yn mynd o chwith, a hynny fwy nag unwaith gydag amser.

Felly diffiniad posibl o ddementia yw: problemau parhaus, ymgynyddol (*progressive*) gyda mwy nag un agwedd ar weithrediad yr ymennydd (er enghraifft, iaith, cynllunio, cymhelliad, cof neu bersonoliaeth).

SYMPTOMAU DEMENTIA

Problemau gyda'r cof a meddyliau cymhleth neu haniaethol yw'r symptomau cyntaf mewn sawl math o ddementia. Methu cofio pethau sydd newydd ddigwydd fydd hyn fel arfer. Yn aml gall pobl gofio'n iawn bethau a ddigwyddodd ers talwm ond ni fyddan nhw'n gallu cofio'r pethau a ddigwyddodd ychydig oriau neu ddyddiau ynghynt. Mae pobl sydd â dementia cynnar weithiau'n sôn llawer am brofiadau eu hieuenctid, gan gamarwain y rhai sydd o'u cwmpas i gredu bod eu cof yn dal yn dda iawn. Pan fyddan nhw'n cael ei holi am beth ddigwyddodd ddoe, ni fyddan nhw'n gallu cofio.

Rhaid gwahaniaethu rhwng dementia a dryswch acíwt (sy'n dechrau'n sydyn). Mae dementia'n datblygu'n raddol dros fisoedd neu flynyddoedd. Mae'n annhebygol fod dementia ar rywun os bydd yn mynd yn ddryslyd mewn cyfnod byr – ychydig o oriau neu ddyddiau.

Fel arfer, achos corfforol arall sy'n peri dryswch acíwt, er enghraifft:

- haint (ar yr wrin neu ar y frest, er enghraifft)
- adwaith i feddyginiaethau
- poen neu rwymedd
- strôc.

Er bod dementia yn ffactor sy'n cynyddu'r risg o gyflwr dryslyd acíwt, dylai pawb sy'n drysu (neu'n mynd yn fwy dryslyd) yn sydyn fynd at y meddyg i geisio dod o hyd i achos y dryswch acíwt.

Gall newid yn y drefn arferol, fel mynd ar wyliau neu fynd i'r ysbyty, hefyd beri dryswch i bobl sydd â dementia.

Nid yw dementia bob amser yn dechrau gyda cholli'r cof. Os yw person hŷn yn datblygu iselder neu'n hel meddyliau paranoid, gallai hynny awgrymu bod dementia'n dechrau. Mae cof rhai pobl sydd â dementia yn gallu bod yn eithaf da ond efallai y byddan nhw'n ymddwyn mewn ffordd wahanol i'r arfer, trwy fod yn flin neu'n barod i gymryd risgiau.

Mae iselder weithiau'n gallu bod yn debyg i ddementia.

MATHAU O DDEMENTIA

Mae dros 100 o fathau ac achosion gwahanol o ddementia ond bydd y rhan fwyaf o bobl yn cael un o'r mathau canlynol:

1. Clefyd Alzheimer
2. Dementia fasgwlar
3. Dementia gyda chyrff Lewy
4. Dementia blaenarleisiol (*frontotemporal*)

Byddwn yn canolbwyntio ar y pedwar math yma. Gyda'i gilydd bydd clefyd Alzheimer a dementia fasgwlar yn achosi tua 90 y cant o bob achos o ddementia.

Clefyd Alzheimer

Astudiaeth achos – Gwilym

Roedd Gwilym yn 74 oed pan ddechreuodd ei wraig, Liz, sylwi bod rhywbeth o'i le. Wrth edrych yn ôl, roedd Liz wedi sylwi nad oedd Gwilym yn gofalu am ei ardd yn ôl ei arfer. Yn ei ddydd, roedd wedi bod yn arddwr o fri ac wedi ennill nifer o wobrau am ei lysiau. Ond yn ddiweddar roedd Gwilym wedi bod yn gwneud ambell gamgymeriad: plannu hadau ar yr adeg anghywir, anghofio dyfrio'i blanhigion a gadael i'r chwyn dyfu'n ddireolaeth. Sylwodd y cymdogion fod ei ardd yn edrych yn flêr.

Ar y dechrau, credai Liz fod Gwilym wedi diflasu ar yr holl waith garddio, ond wedyn digwyddodd pethau eraill. Roedd Gwilym yn gyrru adref o'r archfarchnad pan drodd yn sydyn a mynd ar hyd stryd unffordd i'r cyfeiriad anghywir.

Ychydig wythnosau'n ddiweddarach cafodd Gwilym benbleth gyda'i ddatganiad banc a gwylltiodd – roedd hyn yn anarferol iawn.

Ceisiodd Liz ddwyn perswâd ar Gwilym i fynd at y meddyg ond roedd yn taeru ei fod o'n hollol iawn. Yn y diwedd cafodd Liz ei hun air â Dr Huws. Wnaeth o ddim byd ond dweud, 'Henaint ni ddaw ei hunan ...', ac iddi beidio â phoeni.

Aeth pethau o ddrwg i waeth dros y flwyddyn nesa. Nid oedd Gwilym mor drwsiadus ag y bu a gwisgai'r un dillad nes y byddai Liz yn ei atgoffa i'w newid. Roedd ei sgwrs fel tôn gron a byddai'n gofyn yr un cwestiwn i Liz droeon mewn diwrnod.

Rhoddodd y gorau i drin ei randir a byddai'n eistedd yn segur am oriau. Mynnodd Liz fod Gwilym yn mynd i weld y meddyg eto ond y tro hwn aeth hi gydag ef. Gwnaeth y meddyg nodiadau manwl am hanes problemau Gwilym ac fe'i hatgyfeiriodd at y gwasanaeth lleol a oedd yn asesu'r cof.

Ar ôl ymweld â Gwilym a Liz yn eu cartref a gwneud rhai profion, dywedodd y meddyg ymgynghorol fod clefyd Alzheimer ar Gwilym.

Clefyd Alzheimer yw'r math mwyaf cyffredin o ddementia. Mae clefyd Alzheimer ar tua dwy ran o dair o'r bobl sydd â dementia. Alois Alzheimer a ddisgrifiodd y clefyd am y tro cyntaf dros 100 mlynedd yn ôl, wrth drafod cyflwr gwraig yn ei 50au. Mae ei ddisgrifiad yn cynnwys ystod o symptomau a allai ddatblygu yn y cyflwr hwn:

Un o symptomau cyntaf y clefyd yn y wraig 51 oed oedd teimladau cryf o genfigen tuag at ei gŵr. Yn fuan iawn dirywiodd ei chof yn arw – ni allai ddod o hyd i'r ffordd o gwmpas ei chartref, llusgai bethau yma ac acw, âi i guddio, neu weithiau roedd hi'n ofni bod pobl am ei lladd. Yna byddai'n sgrechian yn uchel. O bryd i'w gilydd byddai'n hollol orffwyll. Byddai'n llusgo'i chynfasau a'i blancedi yma ac acw, yn galw am ei merch a'i gŵr fel petai hi'n clywed lleisiau. Byddai'n sgrechian am oriau bwygilydd mewn llais annaearol. (Alois Alzheimer, 1907)

Mae clefyd Alzheimer fel arfer yn dechrau gyda symptomau bychain. Y symptom cyntaf, yn aml, fydd bod ychydig yn anghofus. Mae'n anodd gweld y gwahaniaeth rhwng hyn â'r anghofio normal sy'n digwydd wrth heneiddio. Arwyddion cynnar eraill a all ymddangos yn gynnar yn y clefyd yw ychydig o ddryswch (er enghraifft, cael trafferthion gofalu am arian a phroblemau deall gwybodaeth). Bydd defnyddio iaith yn gywir yn peri problemau hefyd, er enghraifft, methu cofio'r gair am rywbeth penodol. Mae clefyd Alzheimer fel arfer yn dechrau'n araf. Prin iawn yw'r achosion lle gellir nodi dyddiad penodol pan ddechreuodd y clefyd. Gall y cyflwr fod ar rywun am flwyddyn neu ddwy cyn iddo gael diagnosis.

Mae clefyd Alzheimer hefyd yn tueddu i ymgynyddu'n araf. Wrth i'r clefyd waethygu bydd nifer o symptomau gwahanol gan bobl a fydd yn eu gwneud yn fethedig iawn. Bydd angen gofal ddydd a nos arnyn nhw.

Beth sy'n achosi clefyd Alzheimer?

Ychydig a wyddom am y broses sy'n achosi clefyd Alzheimer. Ond mae gwyddonwyr erbyn hyn yn gwybod cryn dipyn ynglŷn â'r hyn sy'n digwydd i ymennydd pobl sy'n datblygu clefyd Alzheimer.

Mae'r ymennydd yn cynnwys miliynau o nerfgelloedd (a phethau eraill) sy'n ein galluogi ni i feddwl a chofio. Mae ymennydd pobl sydd â chlefyd Alzheimer yn creu protein annormal o'r enw amyloid. Nid yw'r gwyddonwyr yn deall yn iawn pam y mae hyn yn digwydd. Mae darnau mân iawn o'r protein amyloid yn hel yn haenau allanol yr ymennydd mewn clystyrau, sef placiau (gweler Ffigur 2.1).

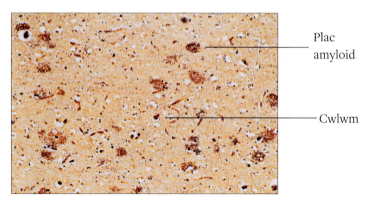

Plac amyloid

Cwlwm

Ffigur 2.1: Llun croestoriad microsgopig o ymennydd yn dangos y newidiadau sy'n nodweddiadol o glefyd Alzheimer: placiau amyloid a chlymau.

Credir bod y placiau hyn yn effeithio ar iechyd y nerfgelloedd neu'r niwronau. Mae niwronau'n cynnwys protein o'r enw tau ac mae hwn yn ymwneud â chadw siâp y nerfgelloedd. Mae'r niwronau diffygiol yn dechrau

cynhyrchu math annormal o brotein tau a chredir mai
dyma sy'n gyfrifol am y newid yn ffurfiad y celloedd.

Mae rhai nerfgelloedd yn marw ac yn creu clystyrau
a elwir yn glymau. Mae'r clymau hyn a'r placiau protein
amyloid yn weladwy o dan ficrosgop ac yn dynodi bod
clefyd Alzheimer yn bresennol.

Mae rhai rhannau o'r ymennydd, yn enwedig llabed yr
arlais (sef y rhan o'r ymennydd sy'n cadw atgofion), yn
crebachu oherwydd bod y niwronau'n marw. Weithiau
gellir gweld y crebachu hwn ar sganiau o'r ymennydd a
bydd hyn yn gallu helpu meddygon i wneud diagnosis
(Ffigur 2.2). Fodd bynnag, mae sganiau ymennydd pobl â
dementia cynnar yn gallu edrych yn normal.

Mae'r nerfgelloedd yn yr ymennydd yn cyfathrebu
â'i gilydd trwy ddefnyddio cemegion a elwir yn
drosglwyddyddion. Ceir llai o rai o'r trosglwyddyddion hyn
mewn ymennydd sydd â chlefyd Alzheimer a bydd rhai
triniaethau ar gyfer clefyd Alzheimer yn ceisio codi lefelau'r
cemegion hyn (gweler 'Triniaethau ar gyfer dementia').

Unigolyn iach   Clefyd Alzheimer

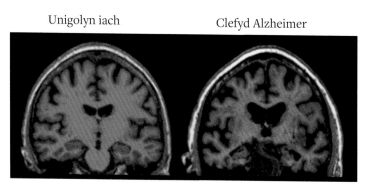

Ffigur 2.2: Sgan cyseinedd magnetig yn dangos ymennydd
iach normal ac ymennydd rhywun â chlefyd Alzheimer
ar y dde sy'n dangos meinwe'r ymennydd yn teneuo

Ffactorau risg ar gyfer datblygu clefyd Alzheimer
Ffactorau risg yw'r pethau hynny sy'n cynyddu'r tebygolrwydd y bydd rhywun yn datblygu dementia. Y ffactor bwysicaf ar gyfer datblygu clefyd Alzheimer yw oed – wedi i ni gyrraedd 70 oed, mae'r risg y byddwn yn datblygu'r clefyd yn cynyddu'n arw.

Bydd ffactorau risg eraill fel bod yn fenyw, anafiadau cyson i'r pen (tebyg i'r rhai y mae bocswyr yn eu cael), pwysedd gwaed uchel, bod dros bwysau, diabetes ac ysmygu, yn cynyddu'r tebygolrwydd o gael clefyd Alzheimer. Gall problemau'r clyw fod yn ffactor risg hefyd.

Efallai y gall yfed ychydig o alcohol (tua gwydraid o win) yn rheolaidd leihau'r risg ond bydd yfed yn drwm yn cynyddu'r risg.

Ffactorau sy'n gallu cynyddu'r risg o gael clefyd Alzheimer

- Henaint
- Geneteg (ffactorau etifeddol)
- Llai o addysg
- Pwysedd gwaed uchel
- Lefel uchel o golesterol
- Diabetes
- Gordewdra
- Byddardod
- Unigedd
- Niwed i'r pen

Hanes teuluol o glefyd Alzheimer

Mae nifer bychan iawn o bobl yn datblygu clefyd Alzheimer pan fyddan nhw'n ganol oed. Yn yr achosion hyn sy'n dechrau'n gynnar, efallai mai genyn annormal a drosglwyddir o'r naill genhedlaeth i'r llall sy'n achosi'r clefyd. Mae genynnau sydd wedi'u gwneud o asid diocsiriboniwclëig (DNA: *deoxyribonucleic acid*) yn cael eu cadw mewn cromosomau ac mae'r rhain ym mhob cell o'r corff.

Mae genynnau'n trosglwyddo gwybodaeth (er enghraifft, lliw llygaid a chroen) o'r naill genhedlaeth i'r llall. Mae gan bawb bâr o enynnau ar gyfer pob nodwedd. Mae rhai genynnau'n datblygu diffygion, sef mwtaniadau a gall y genynnau annormal hyn drosglwyddo clefydau.

Cafwyd hyd i fwtaniadau i'r genynnau ar gromosomau gwahanol (cromosomau rhif 1, 14 a 21) sy'n gallu trosglwyddo clefyd Alzheimer fel hyn. Os bydd gan rywun un o'r mwtaniadau genynnol hyn, bydd yn trosglwyddo'r rhain ar gyfartaledd i un o bob dau o'i blant.

Mae'r sawl sy'n etifeddu un o'r genynnau hyn yn debygol iawn o ddatblygu clefyd Alzheimer, yn aml yn ei 40au neu yn ei 50au, ond mae hyn yn anarferol iawn. Mae'r genynnau annormal hyn yn gyfrifol am un o bob 1000 yn unig o achosion clefyd Alzheimer.

Os oes hanes amlwg o glefyd Alzheimer yn y teulu, sy'n dechrau mewn pobl iau na 60 oed, efallai fod modd i feddygon brofi'r aelodau iach i weld a ydyn nhw'n cario'r genyn Alzheimer ai peidio.

Nid y math o'r clefyd a gaiff cael ei drosglwyddo trwy enyn unigol o genhedlaeth i genhedlaeth sydd ar y mwyafrif llethol o bobl sydd â chlefyd Alzheimer.

Mae'r risg i berthnasau agos yn dal i fod yn uwch yn y ffurf hon o glefyd 'nad yw'n cael ei etifeddu' nag i rywun tebyg o ran oedran sydd heb hanes teuluol o glefyd Alzheimer. Er enghraifft, mae un o bob 50 sydd heb hanes teuluol o glefyd Alzheimer yn debygol o ddatblygu'r clefyd yn ystod y flwyddyn pan fydd yn 70 oed. Mae'r risg hon yn cynyddu i un o bob 20 ymhlith y rheini sy'n perthyn yn agos i rywun a gafodd glefyd Alzheimer. Pan fydd y clefyd wedi effeithio ar ddau aelod agos o'r teulu, mae'r risg yn uwch fyth. Mae genynnau newydd a allai gynyddu'r risg o ddatblygu clefyd Alzheimer (ond heb ei achosi'n uniongyrchol) yn cael eu darganfod. Efallai y bydd y rhain yn arwain at ddiagnosis a thriniaeth well.

Nodweddion allweddol clefyd Alzheimer

- Hwn yw'r math mwyaf cyffredin o ddementia
- Mae dros 90 y cant o'r bobl sydd â chlefyd Alzheimer dros 70 oed
- Mae'n dechrau'n araf gyda mân symptomau
- Mae'n ymgynyddu'n raddol dros flynyddoedd lawer
- Mae'n effeithio gyntaf ar y cof, gan amlaf
- Mae pobl yn aml yn byw gyda'r clefyd am ddeng mlynedd neu ragor

Dementia fasgwlar

Astudiaeth achos – Ceinwen

Ceinwen yw fy enw i. Dwi'n 69 oed ac yn gyrru tacsis ers blynyddoedd lawer. Mi sylwais i fod rhywbeth o'i le pan ddechreuais i fynd â phobl i'r cyfeiriad anghywir. Roeddwn i'n gyfarwydd iawn â'r strydoedd ac felly roedd hyn yn achos pryder i mi.

Un diwrnod roeddwn i braidd yn benysgafn ac yn ei chael hi'n anodd dod o hyd i'r geiriau iawn wrth siarad. Ddim ond am tua 20 munud y parhaodd hyn ond roeddwn i'n gofidio, felly mi es i weld y meddyg. Erbyn hynny roedd fy nghof i'n reit ddrwg ac mi drefnwyd yn gyflym iawn i mi weld arbcnigwr.

Ar ôl iddo wneud ychydig o brofion, dywedodd yr arbenigwr wrtha i fod y sgan i'r ymennydd yn dangos bod diffyg ar y cyflenwad gwaed i fy ymennydd a 'mod i wedi cael cyfres o strociau mân ('cnawdnychiadau' (*infarcts*) alwodd o nhw). Doeddwn i ddim wedi sylweddoli!

Mi wnaeth o hefyd roi ychydig o brofion i 'nghof i a dweud 'mod i yng nghyfnod cynnar dementia fasgwlar. Mae 'ngholesterol i a 'mhwysedd gwaed i'n uchel hefyd ac rwy'n cymryd asbrin a thabledi i reoli 'mhwysedd gwaed. Dwi hefyd wedi rhoi'r gorau i smocio.

Dementia fasgwlar yw'r ail achos mwyaf cyffredin o ddementia. Hwn yw'r math sydd ar ryw un ym mhob pump sydd â dementia, naill ai ar ei ben ei hun neu wedi'i gyfuno â chlefyd Alzheimer. Weithiau gelwir y cyflwr yma'n ddementia cymysg.

Mae'r enw dementia fasgwlar, a elwir weithiau'n ddementia amlgnawdnychol neu'n nam gwybyddol fasgwlar, yn cyfeirio at ddementia sy'n digwydd oherwydd nad yw'r cyflenwad gwaed i'r ymennydd gystal ag y dylai fod, neu oherwydd bod strôc neu waedlif wedi ymyrryd â'r cyflenwad gwaed i ran o'r ymennydd.

Mae angen llawer iawn o waed ar yr ymennydd i gludo ocsigen i'r nerfgelloedd ac mae'n cael tua phumed ran o'r holl waed sy'n cael ei bwmpio o gwmpas y corff.

Mae gwaed yn cael ei bwmpio o'r galon drwy rydwelïau (*arteries*). Wrth i'r rhydwelïau hyn fynd yn ddyfnach i'r ymennydd maen nhw'n rhannu'n nifer mawr iawn o bibellau gwaed llai a elwir yn rhydwelïynnau (*arterioles*). Mae pob rhydwelïyn yn bwydo rhan fach o'r ymennydd.

Mae muriau'r rhydwelïau a'r rhydwelïynnau hyn yn llyfn fel arfer ond weithiau maen nhw'n tewychu oherwydd dyddodion brasterog a elwir yn atheroma. Mae hyn yn arbennig o gyffredin mewn pobl sy'n ysmygu, neu rai sydd â diabetes neu bwysedd gwaed uchel.

Pan fydd hyn yn digwydd bydd y rhydweli'n culhau a'r cellfur yn mynd yn arw. Mae llai o waed yn gallu treiddio drwy'r rhydweli sydd wedi culhau. Weithiau bydd mur y rhydweli'n datblygu ceulad (*clot*) gwaed a bydd hyn yn atal llif y gwaed yn llwyr. Os bydd hyn yn digwydd yn yr ymennydd bydd strôc a elwir yn gnawdnychiad yn digwydd.

Weithiau ni fydd atal y cyflenwad gwaed am gyfnod byr i ran o'r ymennydd yn achosi niwed parhaol. Yr enw ar hyn yw pwl ischaemig byrhoedlog (TIA: *transient ischaemic attack*). Mae symptomau pwl fel hyn yn parhau am lai na 24 awr. Mae strôc yn achosi niwed parhaol.

Os yw'r rhwystr sy'n achosi strôc mewn rhydweli neu rydwelïyn bach, bydd y strôc a'i symptomau yn fach; ond os bydd y rhwystr mewn rhydweli mawr gall hyn beri i ran fawr o'r ymennydd farw. Canlyniad hyn fydd marwolaeth neu symptomau difrifol fel parlys, methu siarad neu ddallineb.

Gall dementia fasgwlar ddigwydd naill ai oherwydd llai o waed yn mynd i'r ymennydd oherwydd atheromâu'n culhau'r rhydwelïau, neu oherwydd strôc neu gyfres o strociau. Mae pobl sy'n datblygu dementia fasgwlar yn aml wedi cael TIA neu sawl strôc fân cyn iddo ddatblygu. Ond mae rhai pobl yn datblygu dementia fasgwlar heb unrhyw rybudd.

Efallai y bydd dementia fasgwlar yn dechrau'n fwy sydyn na chlefyd Alzheimer. Gall ddirywio fesul cam a gwaethygu ar adegau neilltuol yn hytrach nag yn raddol. Gelwir hyn yn ymgynyddu o gam i gam (*step-wise progression*). Bydd pobl sydd â'r math hwn o ddementia yn cael cyfnodau eglur a all barhau am gyfnodau hir neu fyr, yn enwedig ar y dechrau pan fyddan nhw i'w gweld yn iawn.

Symptomau dementia fasgwlar

Gall symptomau dementia fasgwlar amrywio yn ôl pa rannau o'r ymennydd mae cyflenwad gwaed diffygiol yn effeithio arnyn nhw. Gall sgan o'r ymennydd ddangos pa rannau ohono sydd wedi'u heffeithio.

Yn aml, mae dementia fasgwlar yn effeithio'n gynnar ar y cof a'r gallu i ddefnyddio iaith. Gall personoliaeth newid yng nghyfnod cynnar y clefyd – er enghraifft, gall pobl fod yn llai brwdfrydig neu'n fwy blin.

Mae pobl yn fwy ymwybodol o'u dementia gyda'r math hwn ohono; yn fwy felly na phan fydd clefyd Alzheimer arnyn nhw. Mewn ymennydd pobl sydd â dementia fasgwlar, yr hyn sy'n amlwg yw tystiolaeth o leihad yn llif y gwaed iddo. Yn aml mae olion sawl strôc fân ar yr ymennydd yn weladwy ar sganiau'r ymennydd.

Nodweddion allweddol dementia fasgwlar

- Dyma'r ail fath mwyaf cyffredin o ddementia
- Diffyg cyflenwad gwaed i'r ymennydd sy'n ei achosi
- Mae'n aml yn dechrau'n sydyn ac yn gwaethygu o gam i gam

Dementia gyda chyrff Lewy

Astudiaeth achos – Rhys

Mae Rhys yn 75 oed ac yn byw ar ei ben ei hun. Dechreuodd gael trafferthion tua thair blynedd yn ôl. Gweld pethau am ychydig eiliadau a sylweddoli nad oedden nhw yno oedd ei symptom cyntaf. Byddai'n dweud yn aml ei fod yn gweld cathod yn eistedd ar gadair yn ei gegin a phan fyddai'n edrych eto, roedden nhw wedi mynd. Roedd hefyd wedi gweld rhes o blant yn gorymdeithio yn dawel y tu allan i'w dŷ ond ni allai ei gymydog eu gweld o gwbl.

Tua chwe mis cyn i hyn ddigwydd datblygodd Rhys gryndod yn ei law chwith ac roedd yn cael trafferth cerdded. Dywedodd ei feddyg wrtho fod clefyd Parkinson yn dechrau ynddo.

Daeth ei ferch i aros ato am wythnos a chynyddodd ei phryder amdano. Sylweddolodd fod Rhys yn codi yng nghanol y nos ac yn syllu ar ddrws y cefn. Ceisiodd siarad ag o ond doedd o ddim fel petai'n ymwybodol ei bod hi yno. Doedd o'n cofio dim am y peth fore trannoeth. Sylwodd hi hefyd fod Rhys yn ymddangos yn ddryslyd weithiau yn ystod y dydd ond yn normal, fwy neu lai, ychydig oriau'n ddiweddarach. Ar anogaeth ei ferch aeth Rhys i weld meddyg a roddodd ddiagnosis o ddementia gyda chyrff Lewy.

Dementia gyda chyrff Lewy yw tua un achos o bob 20 o ddementia. Mae'n wahanol iawn i glefyd Alzheimer a dementia fasgwlar. Symptomau tebyg i rai clefyd Parkinson, hynny yw, dwylo'n crynu, stiffrwydd a'r anallu i symud yn rhwydd, fydd symptomau cynnar dementia gyda chyrff Lewy. Bydd pobl hefyd yn cael rhithweledigaethau – gweld pethau nad ydyn nhw yno, fel pobl neu anifeiliaid. Yn aml mae'r rhithweledigaethau dychrynllyd hyn yn llachar ac yn fanwl iawn ond anaml iawn maen nhw'n codi ofn.

Mae'r trafferthion meddwl a chofio yn debyg i'r hyn a brofir gan bobl sydd â chlefyd Alzheimer ond gallan nhw amrywio o awr i awr. Gall yr amrywio hwn fod yn eithaf dramatig, gyda phobl yn newid ar amrantiad. Ar brydiau maen nhw'n ymddangos yn weddol normal ac yna'n sydyn maen nhw'n ymddangos yn ddryslyd. Mae pobl sydd â dementia gyda chyrff Lewy yn debygol o syrthio a bod yn orbryderus. Byddan nhw'n cael nosweithiau anesmwyth gan droi a throsi yn ystod eu breuddwydion. Weithiau gall hyn droi'n dreisgar, er eu bod nhw'n cysgu. Gelwir hyn yn anhwylder cwsg symudiad llygaid cyflym (*rapid eye movement sleep disorder*).

Mae'r risg o ddatblygu dementia tebyg i ddementia gyda chyrff Lewy yn ymddangos yn uwch i bobl sydd wedi cael clefyd Parkinson. Os bydd dementia'n dechrau flwyddyn o leiaf ar ôl i'r clefyd Parkinson ddechrau, dementia clefyd Parkinson yw'r enw ar hwn.

Mae henaint yn ffactor risg ar gyfer datblygu dementia gyda chyrff Lewy ac mae hyn yn gyffredin i fathau eraill o ddementia hefyd. Ffactorau risg eraill yw bod yn wryw a hanes y clefyd yn y teulu.

Nid oes neb yn gwybod fawr ddim am yr hyn sy'n achosi dementia gyda chyrff Lewy. Pan fydd gwyddonwyr yn edrych ar ymennydd pobl sydd â dementia o'r math hwn, maen nhw'n gweld darnau microsgopig o brotein yn y nerfgelloedd, sef cyrff Lewy. Mae'r dyddodion protein hyn yn ymyrryd â ffordd naturiol nerfgelloedd o weithio.

Nodweddion allweddol dementia gyda chyrff Lewy

- Hwn yw trydydd achos mwyaf cyffredin dementia yn y Deyrnas Unedig
- Mae'n fwy cyffredin ymysg dynion
- Mae pobl yn cael cyfnodau anwadal o ddryswch ac o ymddangos yn normal – yn gynnar yn ystod y salwch, o leiaf
- Mae pobl yn aml yn cael rhithwclcdigacthau byw – yn gweld pobl neu anifeiliaid
- Mae symptomau clefyd Parkinson yn amlwg – cryndod ac anallu i symud yn rhwydd

Dementia blaenarleisiol

Astudiaeth achos – Alwyn

Mae Alwyn yn 56 oed, wedi ysgaru ac yn byw ar ei ben ei hun. Roedd ganddo yrfa lwyddiannus mewn cwmni cysylltiadau cyhoeddus. Tua phedair blynedd yn ôl dechreuodd ei gyd-weithwyr sylwi bod Alwyn yn gwneud mwy a mwy o benderfyniadau rhyfygus a beiddgar yn ei waith.

35

Roedd rhai o'i gwsmeriaid yn hoffi ei awgrymiadau anghyffredin ac felly nid oedd ei gyd-weithwyr yn pryderu'n ormodol. Ond ac yntau wedi bod yn hynod falch o'i brydlondeb erioed, dechreuodd Alwyn gyrraedd ei waith yn hwyr a methu ambell gyfarfod. Dechreuodd regi ar bobl a dweud pethau annifyr. Roedd ymddygiad o'r fath yn hollol groes i'r graen iddo.

Pan ddechreuodd Alwyn wneud ensyniadau rhywiol tuag at rai o'r merched a oedd yn gweithio gydag o, diystyrwyd hynny gan rai o'i ffrindiau oherwydd eu bod nhw'n credu ei fod yn mynd drwy'r 'menopos gwrywaidd'. Roedd un o'i ffrindiau'n wirioneddol bryderus amdano ac aeth i weld Alwyn yn ei gartref. Roedd y lle yn llanast llwyr gyda phentyrrau o sbwriel ym mhobman a bocsys o bethau roedd wedi'u prynu ar chwiw ond heb eu hagor erioed.

Doedd Alwyn ddim fel petai'n deall yn iawn pam roedd ei ffrind yn poeni amdano. Ond ar ôl dyfalbarhau a rhesymu, perswadiwyd Alwyn i fynd at ei feddyg. Datgelodd archwiliadau fod dementia blaenarleisiol arno.

Mae dementia blaenarleisiol ar tua un o bob 50 sydd â dementia ac mae'r bobl hyn yn dueddol o fod yn iau na'r rhai sydd â mathau eraill o ddementia. Dementia blaenarleisiol yw'r dementia mwyaf anodd ei adnabod oherwydd ei fod yn effeithio ar bobl sydd yn eu 50au, ac nid oes neb yn amau bod dementia arnyn nhw yn yr oed hwn. Er bod y math hwn o ddementia'n gymharol brin, mae dementia blaenarleisiol yn cael mwy o effaith ar bobl iau a chredir ei fod yr un mor gyffredin â chlefyd Alzheimer mewn pobl o dan 65 oed.

Mae'r math hwn o ddementia'n effeithio ar labed flaen yr ymennydd yn bennaf gan achosi newid personoliaeth, cymhelliant ac ymddygiad sy'n fwyfwy od neu ddiymatal. Mae pobl sydd â'r math hwn o ddementia yn cael trafferth cynllunio a chanolbwyntio ac efallai y byddan nhw'n datblygu 'defodau' obsesiynol. Weithiau bydd pobl yn troi'n ymosodol neu'n anwadal. Bydd rhai'n cael trafferth dod o hyd i'r geiriau cywir, neu bydd eu sgyrsiau yn ailadroddus ac yn llai ystyrlon.

Mae'r cof yn ymddangos yn normal yng nghyfnod cynnar y clefyd oherwydd bod y clefyd yn effeithio'n lled hwyr ar y rhan o'r ymennydd sy'n gyfrifol am y cof, wrth i'r clefyd ddatblygu. Mae symptomau dementia blaenarleisiol yn gynnil ar y dechrau a gall y math hwn o ddementia ddatblygu dros gyfnod hir iawn. Bydd y 'menopos' neu 'argyfwng canol oed' yn cael bai ar gam weithiau.

Fel arfer, bydd diagnosis o ddementia blaenarleisiol yn cael ei roi ar ôl gweld sgan o'r ymennydd a hwnnw'n dangos bod y llabed flaen wedi crebachu'n sylweddol (atroffi), er bod rhannau eraill yr ymennydd yn edrych yn normal. Gall profion gwybyddol ddangos anawsterau i gwblhau tasgau sy'n dibynnu ar y llabed flaen – er enghraifft, canolbwyntio, cynllunio neu ymateb i batrymau newidiol o wybodaeth.

Mae rhywfaint o ddementia blaenarleisiol yn cael ei etifeddu trwy eneteg. Mae ei hanes yn nheulu tua hanner y bobl sydd â'r math hwn o ddementia. Nid oes neb yn gwybod beth sy'n achosi'r ffurf yma o'r clefyd nad yw'n cael ei etifeddu.

Dementia sy'n gysylltiedig ag alcohol

Credir bod yfed ychydig o alcohol – un uned y dydd, dyweder – yn lleihau'r risg o ddatblygu dementia. Fodd bynnag, mae yfed yn drwm (sawl uned y dydd) yn gallu cynyddu'r risg o ddementia.

Astudiaeth achos – Owain

Gosod ceginau oedd gwaith Owain. Mae o wedi cael ysgariad ac mae'n hoff o'i beint. Mewn gwirionedd roedd o'n yfed hyd at ddeg peint o gwrw ac ychydig o wisgi ar ben hynny, bob dydd. Un dydd Gwener, ar ôl gorffen gosod cegin yn nhŷ ffrind, aeth adre gan ddweud y byddai'n dychwelyd fore dydd Llun i nôl ei offer a'i dâl am y gwaith. Ar y dydd Llun canlynol ni chafwyd 'run golwg o Owain. Ni allai ei ffrind, a oedd yn poeni amdano, gael gafael arno. Aeth tri mis heibio ac yna'n sydyn cyrhaeddodd Owain i nôl ei offer a gofyn am ei arian. Rhoddodd ei ffrind ei dâl iddo a dychwelyd ei offer. Ymhen llai na phum munud wedyn daeth cnoc arall ar y drws ac Owain oedd yno'n gofyn eto am ei gyflog a'i offer. Pan ddywedwyd wrtho ei fod newydd gael ei dalu a bod yr offer yn ei fan, roedd o'n gwadu hynny. Doedd o'n cofio dim iddo fod yn y tŷ bum munud ynghynt.

Roedd Owain wedi datblygu syndrom Korsakoff yn ystod y tri mis a fu rhwng gosod y gegin a dychwelyd i nôl ei offer. Er na allai gofio dim a ddigwyddodd bum munud ynghynt, roedd o'n cofio'n iawn yr hyn a ddigwyddodd cyn iddo ddatblygu syndrom Korsakoff – gosod cegin yn nhŷ ei ffrind, cyfeiriad y tŷ a'r trefniant i fynd i nôl ei gelfi a'i offer.

Syndrom Korsakoff yw'r enw ar un cyflwr neilltuol sy'n gysylltiedig ag yfed yn drwm am gyfnod hir. Mae syndrom Korsakoff, fel arfer, yn dechrau'n sydyn a hynny gan amlaf ar ôl cyfnod o ddryswch acíwt. Ni fydd pobl yn gallu creu atgofion newydd pan fydd y cyflwr hwn arnyn nhw, er eu bod nhw'n aml yn gallu cofio'n iawn yr hyn a ddigwyddodd cyn i'r clefyd gael gafael ynddyn nhw.

Y canlyniad yw amnesia sy'n gallu peri anabledd difrifol ond heb symptomau eraill dementia a ddisgrifir yn y llyfr hwn – er enghraifft, problemau iaith a meddwl neu newid personoliaeth. Credir bod syndrom Korsakoff yn codi oherwydd diffyg fitamin a elwir yn thiamin. Mae difrod yn rhan neilltuol iawn o'r ymennydd, y cyrff didennol (*mamillary bodies*), ac wrth edrych ar sgan ohono mae'n ymddangos nad yw'r rhannau eraill wedi cael niwed.

Ynghyd â syndrom Korsakoff, mae'n debyg bod yfed llawer iawn o alcohol dros gyfnod maith yn achosi dementia ag iddo symptomau tebyg i glefyd Alzheimer. Mae rhai awdurdodau wedi amcangyfrif bod hyd at 10 y cant o bob achos o ddementia yn gysylltiedig ag alcohol.

MATHAU MWY PRIN O DDEMENTIA

Mae nifer mawr iawn o fathau prin o ddementia. Dyma ddisgrifiadau o rai ohonyn nhw.

Dementia clefyd Parkinson

Mae hwn yn debyg i ddementia gyda chyrff Lewy ond mae'r dementia'n dechrau rai blynyddoedd ar ôl i'r person ddatblygu clefyd Parkinson. Bydd un o bob pedwar y mae clefyd Parkinson arno yn datblygu dementia yn y diwedd. Mae pobl yn dueddol o gael llai o broblemau gyda'r cof ond mwy o ddifaterwch ac anhawster i gynllunio o'u cymharu â rhai sydd â chlefyd Alzheimer.

Clefyd Huntington

Anhwylder etifeddol yw hwn sy'n dechrau fel arfer pan fydd pobl rhwng 30 a 50 oed. Bydd y cyflwr hwn fel arfer yn achosi problemau difrifol wrth symud ac anhawster i reoli'r breichiau a'r coesau. Mae iselder a gorbryder yn gyffredin. Mae'r dementia'n dangos symptomau sy'n gysylltiedig â difrod i'r llabed flaen (problemau cynllunio a meddwl a newidiadau personoliaeth) yn hytrach na phroblemau gyda'r cof.

Clefyd Creutzfeldt–Jakob

Mae sawl is-fath yn bod o'r afiechyd prin iawn hwn sy'n effeithio ar tua 100 o bobl yn y Deyrnas Unedig bob blwyddyn. Yn gyffredinol mae clefyd Creutzfeldt–Jakob (CJD) nodweddiadol (ysbeidiol) yn digwydd mewn pobl oedrannus.

Protein o'r enw prion sy'n ei achosi, er y gall y clefyd ddatblygu ymhen degawdau lawer ar ôl i'r person gael ei heintio. Nid oes neb yn gwybod yn hollol beth yw'r ffactorau risg ar gyfer yr afiechyd hwn, ond mewn cyfran fechan o achosion mae fel petai'n rhedeg mewn teuluoedd. Mae dementia'n datblygu'n gyflym, yn aml bydd y person yn mynd yn ddall a bydd symud yn hynod anodd iddo. Bydd y claf yn marw fel arfer cyn pen blwyddyn ar ôl datblygu'r clefyd hwn.

Mae clefyd amrywiolyn CJD (vCJD) yn brinnach na CJD ac yn digwydd fel arfer mewn pobl iau o lawer, yn aml yn eu 20au a'u 30au. Gall yr amrywiad yma berthyn i enseffalopathi sbyngffurf gwartheg (BSE: *bovine spongiform encephalopathy*) neu glwy'r gwartheg cynddeiriog. Yn y Deyrnas Unedig y cafwyd y mwyafrif helaeth o achosion o'r clefyd hwn ledled y byd. Erbyn hyn mae'n beth hynod o brin. Mae pobl yn datblygu iselder, gorbryder, problemau gyda'r synhwyrau a phoen cyn iddyn nhw ddangos arwyddion dementia.

Dementia sy'n gysylltiedig â HIV

Bydd tua 2 y cant o bobl sydd â chlefyd syndrom diffyg imiwnedd caffaeledig (AIDS: *acquired immune deficiency syndrome*) yn datblygu dementia yn y pen draw, yn aml yn hwyr yn ystod y salwch. Y prosesau meddyliol yn arafu a'r cof yn gwaethygu yw'r prif nodweddion. Mae nifer yr achosion wedi gostwng yn helaeth ers cyflwyno therapi gwrthretrofirol llwyddiannus.

Parlys uwchniwclear ymgynyddol

Mae'r nerfau sy'n rheoli cydbwysedd a symudiad yn cael eu niweidio mewn parlys uwchniwclear ymgynyddol (*progressive supranuclear palsy*). Mae hyn yn arwain at golli'r gallu i gydsymud, nam ar y lleferydd, trafferthion llyncu a syrthio. Efallai y bydd y bersonoliaeth yn newid hefyd. Mae dementia'n arfer digwydd ar ôl i'r symptomau eraill hyn ddatblygu.

CYFLYRAU TEBYG I DDEMENTIA

Astudiaeth achos – Ann

Mae Ann yn 74 oed. Bu farw ei gŵr y llynedd. Wedi hynny aeth Ann yn fwyfwy anghofus. Bu'n rhaid iddi hi beidio â mynd i'r clwb cardiau lleol oherwydd ei bod hi'n methu canolbwyntio ar y gêm. Cododd gywilydd mawr arni hi'i hun pan anghofiodd mai ei thro hi oedd trefnu'r baned i gangen leol Merched y Wawr.

Aeth pethau o ddrwg i waeth. Roedd hi'n hollol ddi-egni a byddai'r tasgau lleiaf, fel rhoi'r dillad ar y lein, yn anodd iddi. Treuliai mwy a mwy o amser ar ei phen ei hun yn eistedd gartref yn gwneud dim byd. Roedd hi'n methu cofio plot y llyfr roedd hi'n ei ddarllen a chollodd ddiddordeb yn y teledu.

Pan awgrymodd y meddyg y gallai iselder fod ar Ann, nid oedd hi'n cytuno. Doedd hi ddim yn teimlo'n drist nac yn ddagreuol. Roedd hi'n poeni bod clefyd Alzheimer arni oherwydd iddi weld ffrind yn cael y clefyd rai blynyddoedd yn ôl.

Fodd bynnag, ar ôl iddi hi gwblhau cwrs o driniaeth ar gyfer iselder, cododd ei hegni a daeth ei gallu i ganolbwyntio'n ôl. Yn fuan roedd hi'n cofio pethau'n well o lawer. Ers tri mis bellach mae Ann yn ei hôl yn y clwb cardiau ac yn gwneud te ar gyfer cyfarfodydd Merched y Wawr.

Mae llawer o gyflyrau tebyg i ddementia sy'n achosi anghofrwydd a drysu sy'n ymgynyddu'n araf. Mae modd trin rhai o'r rhain. Dyma un rheswm pam y dylai pobl sydd â symptomau fel colli'r cof neu newid personoliaeth fynd i weld meddyg i gael archwiliad llawn.

Iselder

Bydd iselder yn effeithio ar un ym mhob tri rywbryd cyn diwedd ei oes. Gellir ei gamgymryd am ddementia ymysg pobl hŷn oherwydd bod llawer o'r symptomau yr un fath.

Gall pobl sydd ag iselder gwyno'u bod nhw'n teimlo'n benisel a diflas ac nad oes ganddyn nhw egni. Yn aml nid oes dim byd a all godi'u calonnau. Mae'n beth cyffredin i bobl ag iselder feddwl am hunanladdiad. Bydd y teimladau yma'n parhau am fisoedd os na fyddan nhw'n cael eu trin.

Mae symptomau eraill yn cynnwys cysgu'n wael (deffro gyda'r wawr, yn enwedig), colli archwaeth bwyd, methu canolbwyntio ac anghofio. Mae'r rhain hefyd yn symptomau cyffredin dementia. Ac i ychwanegu at y cymhlethdod, bydd pobl sydd â dementia yn fwy tebygol o gael iselder hefyd – bydd tua'u hanner nhw yn cael iselder.

Dyma rai nodweddion a all awgrymu iselder yn hytrach na dementia. Maen nhw'n cynnwys:

- teimlo'n waeth yn y bore (fel rheol mae pobl sydd â dementia yn teimlo'n fwy bywiog yn y bore)
- hel meddyliau am euogrwydd, diffyg hunan-werth neu hunanladdiad
- hwyliau isel am wythnosau.

Mae iselder yn gyflwr digalon nad yw'n cael ei adnabod yn ddigon aml. O'i drin, gellir gwella iselder yn llwyr. Os oes iselder arnoch chi neu ar rywun rydych chi'n ei adnabod, mae'n bwysig ceisio cymorth meddygol yn gyflym.

Chwarren thyroid danweithredol

Isthyroidedd yw'r enw arall ar y cyflwr hwn. Mae'n gallu dechrau'n raddol a bod yn anodd ei adnabod. Mae pobl sydd â'r cyflwr yma yn teimlo'n oer drwy'r amser; mae eu croen yn arw a sych a byddan nhw'n teimlo'n flinedig a llesg. Bydd prawf gwaed yn cadarnhau'r diagnosis.

Clefyd Parkinson

Mae hwn yn anhwylder eithaf cyffredin ymysg pobl hŷn. Gall pobl sydd â chlefyd Parkinson sylwi ar ysgwyd neu gryndod; mae hwn yn aml yn dechrau mewn un llaw ac yn fwy amlwg pan fydd y person yn ymlacio. Mae stiffrwydd yn y breichiau a'r choesau hefyd yn gallu bod yn symptom, ynghyd ag anhawster wrth gerdded a llai o fynegiant yn yr wyneb. Er bod rhai pobl sydd â chlefyd Parkinson yn datblygu dementia, nid yw hyn yn wir i bawb. Fodd bynnag, oherwydd bod y meddwl a'r lleferydd yn arafach mae hyn yn gwneud iddyn nhw ymddangos fel petai dementia arnyn nhw.

Deliriwm/cyflwr dryslyd acíwt

Astudiaeth achos – Magi

Roedd Magi'n hollol iawn pan aeth i'r ysbyty i gael clun newydd. Roedd y driniaeth yn llwyddiannus ond un min nos, ymhen tridiau, roedd Magi'n ddryslyd iawn yn sydyn. Dechreuodd weiddi ar ei gŵr. Roedd hi'n honni ei bod hi wedi cael ei symud i ysbyty arall a doedd y nyrsys yno ddim yn nyrsys go iawn. Roedd hi'n gwrthod yn lân â bwyta'i swper oherwydd ei bod hi'n bendant ei fod wedi'i wenwyno. Pan welodd y meddyg hi, doedd hi ddim yn gwybod faint o'r gloch oedd hi na pha ddiwrnod o'r wythnos oedd hi. Roedd hi ychydig yn well fore trannoeth ond dirywiodd ei chyflwr wedyn cyn y pnawn ac roedd yn gynhyrfus a dryslyd. Gwnaeth y meddyg brofion a chanfod bod ganddi haint ar y frest. Wedi iddi hi gael ocsigen a gwrthfiotigau am ychydig ddyddiau roedd Magi'n fwy cysurus o lawer ac yn llai dryslyd.

Weithiau gall pobl fynd yn ddryslyd mewn ychydig oriau neu ddyddiau. Nid dementia mohono ond yr hyn y mae meddygon yn ei alw'n ddeliriwm neu'n gyflwr dryslyd acíwt.

Un o'r prif nodweddion sy'n ei wneud yn wahanol i ddementia yw bod deliriwm yn taro'n gyflym iawn. Pan fydd deliriwm ar bobl gallan nhw fod yn gysglyd neu'n gynhyrfus yn gyflym iawn. Yn aml maen nhw'n cael trafferth canolbwyntio a thalu sylw.

Pan fydd deliriwm ar bobl bydd eu hwyliau'n newid yn gyflym iawn. Gallan nhw fod yn dawel braf un funud ac ymhen dim byddan nhw mewn gwewyr, wedi'u cynhyrfu neu'n dreisgar. Maen nhw'n aml yn cael rhithweledigaethau, sef gweld pethau nad ydyn nhw yno. Fel arfer mae eu hymddygiad yn fwy cythryblus yn ystod y nos.

Mae nifer o bethau'n gallu achosi deliriwm – yn eu mysg mae haint ar y frest neu ar yr wrin, methiant y galon, meddyginiaethau, alcohol neu strôc. Dylai unrhyw un sy'n datblygu dryswch acíwt weld meddyg neu fynd i'r ysbyty ar unwaith.

Cyflyrau sy'n debyg i ddementia

- Iselder
- Chwarren thyroid danweithredol
- Dryswch acíwt (deliriwm)
- Diffyg rhai fitaminau (er enghraifft, fitamin B12)
- Ambell haint
- Ar adegau prin, gall symptomau tiwmor ar yr ymennydd fod yn debyg i rai dementia

Pwyntiau allweddol

- Clefyd yw dementia; nid yw heneiddio normal yn ei achosi
- Clefyd Alzheimer yw'r math mwyaf cyffredin o ddementia, er bod nifer o achosion eraill
- Mae llawer o gyflyrau eraill yn debyg i ddementia. Dylai unrhyw un sy'n datblygu symptomau dryswch fynd at y meddyg

3
Symptomau dementia

SUT MAE DEMENTIA'N DECHRAU?

Mae dementia'n aml yn dechrau'n slei bach ac ni fydd y bobl sydd â dementia na'u teuluoedd yn gallu dweud yn union pryd yr ymddangosodd y symptomau cyntaf.

Mae pethau'n dod i'r amlwg weithiau pan fydd trefn arferol yr un sydd â dementia yn newid, er enghraifft pan fydd yn mynd ar wyliau neu'n cael ei daro'n wael. Weithiau daw dementia i'r amlwg pan fydd rhywun yn colli ei gymar. Nid yw profedigaeth yn achosi dementia ond yn aml daw'r symptomau i'r amlwg yn y sawl a adewir ar ôl oherwydd bod yr un sydd wedi marw wedi bod yn ei warchod ac yn ei helpu.

Mae cyfran y bobl yn y Deyrnas Unedig sy'n cael diagnosis o ddementia wedi cynyddu yn ddiweddar. Ychydig o flynyddoedd yn ôl, un o bob tri yn unig a fyddai'n cael diagnosis ond erbyn hyn mae'n nes at ddau o bob tri. Ond, wrth gwrs, mae hyn yn dal i olygu na fydd traean o bobl sydd â dementia byth yn cael diagnosis. Yn achos y rheini sy'n cael diagnosis, yn aml mae hi'n cymryd blwyddyn neu ddwy, o'r adeg y canfyddir y symptomau cyntaf, cyn y byddan nhw'n gweld meddyg.

Gorau po gyntaf y gweneir y diagnosis. Os ydych chi'n amau eich bod chi neu rywun agos atoch chi'n datblygu dementia, gofynnwch am gyngor meddygol cyn gynted ag y gallwch chi.

 Mae'n bwysig cael diagnosis cywir o ddementia i gadarnhau nad cyflwr fel iselder sy'n datblygu, gan ei bod yn bosibl trin hwn. Mae diagnosis cywir yn egluro'r symptomau newydd i'r person a'i deulu.

Bydd hefyd yn rhoi cyfle i'r un sydd â dementia a'i ofalwyr gynllunio'n well ar gyfer y dyfodol trwy lunio atwrneiaeth arhosol a chynllunio'r gofal. Bydd modd cael triniaeth a chyngor ar sut i reoli'r sefyllfa yn gyflymach.

DEMENTIA YMGYNYDDOL

Mae dementia fel arfer yn glefyd ymgynyddol. Mae'n effeithio ar bobl mewn ffyrdd gwahanol oherwydd bod y symptomau a'u datblygiad yn adlewyrchu personoliaeth, ffordd o fyw, ansawdd perthnasoedd ac iechyd meddwl a chorfforol.

Mae symptomau'r mathau gwahanol o ddementia'n amrywio ond mae rhai nodweddion sy'n gyffredin iddyn nhw i gyd. Y rhai mwyaf cyffredin yw colli'r cof a'r gallu i wneud pethau ymarferol sydd, yn ei dro, yn arwain at golli annibyniaeth ac yn effeithio ar gymdeithasu â phobl eraill.

Mae trywydd y clefyd yn gallu amrywio'n fawr. Gall pobl fyw gyda'r clefyd am hyd at ugain mlynedd ond gall y cyfnod fod yn llai o lawer na hyn. Yn y diwedd, mae pobl sydd â dementia yn marw fel arfer o ryw achos arall, fel trawiad ar y galon neu haint, a allai fod heb gysylltiad o gwbl â'r dementia.

Dros y blynyddoedd diwethaf mae gwell gofal a dealltwriaeth wedi arwain at bobl sydd â dementia yn byw'n hirach, ac ansawdd eu bywyd yn well. Mae'n bwysig cydnabod marw oherwydd dementia a chynllunio ar gyfer hynny. Os oes dementia arnoch chi mae'n ddefnyddiol trafod y triniaethau rydych chi'n dymuno'u cael neu eu gwrthod yn y cyfnod pan fyddwch chi'n tynnu tua'r terfyn.

Er bod dementia'n ymgynyddu'n gyflymach mewn rhai pobl na'i gilydd, mae'n ddefnyddiol i ni ddisgrifio'r clefyd yn ei gyfnod cynnar, wrth iddo ymgynyddu, ac yn ei gyfnod terfynol. Canllaw bras yn unig yw hwn. Ni fydd gan neb yr holl symptomau a restrir ond gall y crynodeb fod o gymorth i bobl sydd â dementia a'u gofalwyr er mwyn iddyn nhw ddeall beth allai fod o'u blaenau a'u helpu i gynllunio ar gyfer y dyfodol.

Y cyfnod cynnar

Astudiaeth achos – Bet

Roedd ambell awgrym amlwg nad oedd pethau'n hollol iawn ers sawl blwyddyn bellach, wrth i Bet a Richard edrych yn ôl. Collodd Bet ei brwdfrydedd dros arddio. Roedd hi'n ymddangos yn bell ar adegau a doedd ganddi ddim awydd gwneud croeseiriau. Y peth cyntaf a dynnodd eu sylw oedd nad oedd Bet yn gallu cynnal sgwrs ar y ffôn fel y bu. Roedd hi'n iawn pan fyddai hi'n ffonio rhywun, ond yn ddryslyd iawn os oedd rhywun yn ei ffonio hi.

Fel rheol mae dementia'n dechrau'n raddol iawn ac felly mae'n anodd gwybod pryd yn union mae'n dechrau. Yn aml ni chaiff y cyfnod hwn unrhyw sylw. Dim ond pan fydd rhai'n cael cymorth i edrych yn ôl y byddan nhw'n sylweddoli eu bod nhw wedi dangos rhai symptomau. Fodd bynnag, nid oedd neb wedi ystyried eu bod nhw'n arwyddocaol ar y pryd, neu fe gawson nhw eu hesgusodi fel rhan naturiol o heneiddio.

Gall rhywun sydd yng nghyfnod cynnar dementia ddangos yr arwyddion canlynol:

- anghofio, yn enwedig pethau sydd newydd ddigwydd
- colli ymwybyddiaeth o amser, a all arwain at fethu apwyntiadau a pheidio â thalu biliau
- dangos diffyg diddordeb a methu canolbwyntio
- colli'r awydd i wneud pethau
- mynd i'w gragen
- cael trafferthion gydag iaith ac anhawster dod o hyd i'r geiriau cywir
- ymddwyn yn od
- methu penderfynu
- colli diddordeb mewn materion teuluol/cwmnïaeth
- bod yn 'wahanol' i sut y byddai ers talwm
- hwyliau oriog, bod yn isel neu'n bigog.

Y cyfnod canol

Yn ystod y cyfnod hwn daw'n amlwg fod dementia ar rywun oherwydd mae'n effeithio ar sut y bydd yn gwneud pethau o ddydd i ddydd. Mae'n effeithio ar y gallu i fyw'n annibynnol. Gall hyn achosi ymddygiad gwahanol, yn aml oherwydd rhwystredigaeth a'r sawl sydd â dementia a'r gofalwr yn methu deall ei gilydd.

Gall rhywun sydd yng nghyfnod canol dementia ddangos yr arwyddion canlynol:

- bod yn fwy anghofus – efallai y bydd yn anghofio enwau teulu a ffrindiau agos a digwyddiadau diweddar. Canlyniad hyn yn aml fydd gofyn yr un cwestiwn dro ar ôl tro
- cerdded allan o'r tŷ a mynd ar goll
- methu gwahaniaethu rhwng nos a dydd a chael anhawster cysgu
- cael anhawster deall sgwrs
- cael anhawster cynyddol gyda lleferydd
- cael anhawster gwneud gwaith tŷ, er enghraifft glanhau a choginio
- bod ag angen cymorth arno i ymolchi a gwisgo a'i atgoffa i fynd i'r toiled
- colli pethau a beio eraill am eu cymryd
- bod yn ymosodol
- cael rhithweledigaethau.

Y cyfnod diweddar

Dyma'r cyfnod pan fydd y sawl sydd â dementia yn cael trafferthion dybryd i gofio ac yn mynd yn hollol ddibynol ar eraill am ei ofal corfforol. Efallai y bydd:

- yn cael cryn anhawster i gyfathrebu
- yn methu adnabod teulu a ffrindiau agos

- yn methu deall yr hyn sy'n cael ei ddweud wrtho na'r hyn sy'n digwydd o'i gwmpas
- angen cymorth i fwyta arno
- yn gwlychu a baeddu
- yn cael trafferth cerdded
- yn cael trafferth llyncu
- yn methu codi o'r gadair neu'r gwely.

Gall y cyfnod hwn barhau am fisoedd neu flynyddoedd, yn ôl iechyd corfforol y person ac ansawdd y gofal y mae'n ei gael. Gall trawiadau ar y galon, heintiau neu strociau achosi marwolaeth.

Y cyfnod terfynol

Astudiaeth achos – Arfon

Roedd clefyd Alzheimer wedi bod ar Arfon ers 12 mlynedd. Bu mewn cartref nyrsio yn ystod y flwyddyn olaf oherwydd ei fod yn methu gofalu amdano'i hun. Roedd angen cymorth arno gyda phopeth yn cynnwys bwyta ac ymolchi ac roedd yn methu codi o'i wely. Am chwe mis bu'n cael gofal yn ei wely ac yn ystod y cyfnod hwnnw ddywedodd o'r un gair. Roedd fel pe na bai'n gwybod lle'r oedd o, doedd o ddim yn cyfathrebu ac nid oedd i'w weld yn ymddiddori o gwbl yn yr hyn oedd yn digwydd o'i gwmpas. Ymhen hir a hwyr cafodd niwmonia ac roedd y nyrsys yn tybio y byddai'n marw'r noson honno. Aethon nhw i chwilio am y cynllun gofal terfyn oes roedd wedi'i ysgrifennu

53

efo'i wraig a'i feddyg teulu rai blynyddoedd ynghynt ar ôl iddo gael ei ddiagnosis. Gwelwyd o'r ddogfen hon nad oedd Arfon yn dymuno marw yn yr ysbyty. Felly fe'i gwnaed mor gyfforddus â phosibl yn y cartref nyrsio a chysylltu â'i wraig i roi gwybod iddi. Daeth ei wraig, Elen, ato'r noson honno. Roedd Arfon ar fin marw. Agorodd ei lygaid ac estyn ei law a chyffwrdd ym mraich ei wraig gan ddweud, ''Nghariad gwyn i, rwy'n dy garu di'. Bu Arfon farw'n dawel rhyw chwe awr yn ddiweddarach.

Erbyn y cyfnod hwn ni fydd y person yn gallu siarad na symud yn iawn; bydd angen gofal llawn arno a fydd yn cynnwys help i fwyta ac i yfed.

Yn aml bydd yn methu llyncu. Mae'n bwysig deall y bydd pobl sydd â dementia, fel Arfon, yn ymwybodol o'u hamgylchiadau, pwy sydd yno a'r hyn sy'n cael ei ddweud – hyd yn oed yng nghyfnod terfynol dementia. Mae'n bur sicr y byddan nhw'n gallu teimlo poen (er enghraifft, y ddannodd neu rwymedd) ac yn teimlo'n anghyfforddus os byddan nhw'n llwglyd neu'n dioddef oherwydd diffyg hylif.

DIAGNOSIS O DDEMENTIA

Adnabod symptomau dementia yw'r cam cyntaf tuag at gael diagnosis a chymorth. Os ydych chi neu eich perthynas yn poeni oherwydd eich bod chi'n teimlo'n isel neu'n anghofus, neu'n dangos unrhyw un o'r arwyddion uchod, ewch at eich meddyg teulu i ddechrau.

Mae diagnosis cynnar a chywir yn bwysig am sawl rheswm:

- Mae'n egluro'r symptomau a'r ymddygiad gwahanol ac mae'n helpu pobl sydd â dementia a'u gofalwyr i ddygymod yn well â'r clefyd a dechrau deall beth sy'n debygol o ddigwydd gydag amser.
- Mae'n galluogi pobl i ddeall beth sy'n digwydd iddyn nhw, er mwyn iddyn nhw gael rhywfaint o reolaeth dros eu bywydau. Gallan nhw benderfynu ar driniaethau a gofal ar gyfer y dyfodol, ysgrifennu ewyllysiau, mynd ar wyliau, gweld perthnasau o bell, a threfnu atwrneiaeth ar gyfer eu lles a'u harian.
- Gellir trefnu gwasanaethau cefnogi a chael cymorth ariannol er mwyn i bobl allu cynllunio ar gyfer y dyfodol.
- Mae'n sicrhau trin yn briodol broblemau eraill fel colli'r cof ac iselder.
- Mae meddyginiaeth yn gallu cynnig y posibilrwydd o arafu datblygiad y clefyd mewn rhai pobl sydd â dementia, er nad oes modd gwybod yn iawn pwy fydd y rheini eto. Mae'n amlwg, os na fydd y diagnosis wedi cael ei roi am ba reswm bynnag, na fydd modd cynnig unrhyw driniaeth.

Sut mae gwneud diagnosis

Nid oes prawf syml ar gael i wneud diagnosis o ddementia. Gwneir y diagnosis trwy wrando'n ofalus ar ddisgrifiad y person ei hun, ac yn fwy pwysig fyth, ar beth sydd gan gyfaill neu berthynas i'w ddweud.

Gweld meddyg

Gweld meddyg yw'r cam cyntaf tuag at gael diagnosis. Mae gofyn bod yn ddewr er mwyn awgrymu i rywun sy'n agos atoch chi efallai fod angen cymorth arno. Ac mae gofyn i'r person sydd â dementia hefyd fod yn ddewr i gymryd y cam cyntaf. Mae llawer o bryder a stigma o hyd yn gysylltiedig â chael diagnosis o ddementia ac mae hyn yn gwneud i rai pobl lusgo'u traed cyn mynd i weld y meddyg. Mae'r rhan fwyaf o bobl, fodd bynnag, unwaith y byddan nhw wedi cymryd y cam cyntaf, yn falch eu bod wedi gwneud hynny.

Gall fod yn eithaf anodd cael cymorth os bydd rhywun yn gwrthod yn bendant wneud dim am y peth. Os yw'n gwrthod yn lân â gweld ei feddyg, ystyriwch siarad ar ei ran yn uniongyrchol â'i feddyg neu â'r gwasanaethau cymdeithasol. Os ydych chi'n poeni am rywun, mae'n werth i chi ddal ati i geisio cael cymorth iddo, oherwydd mae byw gyda dementia heb gael cymorth yn gallu bod yn beryglus ac yn druenus. Gallech awgrymu i'r person rydych chi'n poeni amdano y dylai fynd i weld ei feddyg am ei 'archwiliad blynyddol arferol'. Efallai y bydd y meddyg, yn y pen draw, yn trefnu i arbenigwr ymweld â'r person gartref.

Nid yw pobl sydd â dementia yn ymwybodol o'u hanawsterau i gyd ac efallai y byddai'n syniad i rywun fynd gyda nhw i weld eu meddyg pan fyddan nhw'n penderfynu gwneud hynny. Bydd y meddyg yn holi rhai cwestiynau am y cof ac am yr anawsterau sy'n codi o ddydd i ddydd. Mae'n debyg y bydd hefyd yn gwneud prawf byr i brofi'r cof. Efallai y bydd yn trefnu ambell brawf ei hun neu'n atgyfeirio'r achos at arbenigwr lleol.

Atgyfeirio at arbenigwr

Mae gwasanaethau sy'n ymdrin â'r cof wedi'u sefydlu'n ddiweddar mewn sawl lle ar draws y Deyrnas Unedig. Os yw'r meddyg yn amau bod dementia ar rywun, y cam cyntaf fel rheol fydd ei atgyfeirio at y gwasanaeth cof lleol neu at yr ysbyty lleol. Yn ystod yr asesiad efallai y byddwch yn gweld:

- seiciatrydd pobl hŷn (meddyg sy'n arbenigo mewn anhwylderau meddwl pobl hŷn)
- niwrolegydd (arbenigwr mewn clefydau sy'n effeithio ar y system nerfol)
- geriatregydd (arbenigwr mewn clefydau meddygol pobl hŷn).

Bydd rhywun yn cael ei gyfeirio at arbenigwr neilltuol am nifer o resymau gwahanol. Gall hyn ddibynnu ar ei oed, ei symptomau, neu ar y gwasanaethau sydd ar gael yn lleol. Weithiau bydd yn ofynnol i rywun weld mwy nag un arbenigwr; er enghraifft gall niwrolegydd ofyn i seiciatrydd pobl hŷn fwrw golwg ar y person hefyd os yw'n dangos arwyddion o iselder.

Gall yr arbenigwr weld y person yn y gwasanaethau cof, yn adran cleifion allanol yr ysbyty neu yng nghartref y person. Mae seiciatryddion pobl hŷn yn aml yn cyfarfod â chlaf am y tro cyntaf yn ei gartref. Mae ymweliad â'i gartref fel rheol yn fwy cyfleus i'r claf ac yn rhoi cyfle i'r meddyg asesu'r amgylchiadau yno er mwyn pwyso a mesur pa mor dda y mae'n ymdopi gartref.

Er y bydd y meddyg yn bur sicr o fod eisiau holi perthynas agos neu ffrind, mae'n debygol y bydd yn dymuno cael gair â'r person ar ei ben ei hun yn gyntaf.

Byddai'n ddefnyddiol paratoi cyn mynd i weld y meddyg gan wneud nodiadau am eich pryderon, a nodi'r symptomau rydych chi wedi sylwi arnyn nhw a phryd y dechreuon nhw. Mae'r asesiad yn aml yn digwydd yn ystod un diwrnod neu dros rai wythnosau.

Fel rheol bydd y meddyg yn holi am y canlynol:

- y symptomau, yn enwedig pa bryd y sylwoch chi arnyn nhw am y tro cyntaf a sut maen nhw wedi datblygu a gwaethygu
- sut mae'r symptomau'n effeithio ar fywyd a thasgau o ddydd i ddydd
- hanes y person, yn cynnwys hanes meddygol a meddyginiaeth
- ei bersonoliaeth o'r blaen
- hanes teuluol
- ei farn yntau am y symptomau.

Dylai'r meddyg gasglu gwybodaeth am y person, sef 'stori bywyd', er mwyn iddo weld yr anawsterau yng nghyd-destun ei fywyd.

Dylai'r asesiad gynnwys archwiliad corfforol i sicrhau bod y galon a'r ysgyfaint yn gweithio'n iawn, i chwilio am arwyddion o afiechyd niwrolegol fel clefyd Parkinson neu strôc, ac i asesu'r risg o syrthio.

Dylai asesiad seicolegol chwilio am arwyddion o iselder, gorbryder a seicosis (er enghraifft, cael rhithweledigaethau).

Profion cof a phrofion gwybyddol

Mae'n arferol cynnal prawf syml i brofi'r cof a'r gallu i feddwl. Mae nifer o wahanol brofion ar gael ond yr un sy'n cael ei ddefnyddio gan amlaf yw Asesiad Gwybyddol Montreal (MOCA: *Montreal Cognitive Assessment*). Mae'r prawf yn para tua deng munud. Mae'r meddyg yn gofyn cyfres o gwestiynau sy'n cynnwys cofio geiriau i'w defnyddio'n ddiweddarach, tynnu llun cloc, copïo diagram, adnabod lluniau anifeiliaid, ailadrodd ymadroddion a rhifau a'r dyddiad a dweud lle mae'r person ar yr adeg honno.

30 yw sgôr uchaf MOCA. Mae pobl sydd â dementia yn aml yn sgorio llai na 26, ond gall dementia fod ar rai pobl er bod eu sgôr yn uwch. Wrth i'r dementia waethygu, bydd y sgôr MOCA yn gostwng. Mae sgôr o dan 10 yn arwydd o ddementia eithaf difrifol.

Bydd y meddyg yn cyfeirio rhai pobl am brofion manylach ar y cof a'r gallu i feddwl. Gelwir y rhain yn brofion niwroseicometrig. Seicolegydd (arbenigwr ym mhrosesau'r meddwl, er enghraifft, y cof) sy'n eu gwneud fel arfer. Gall y profion bara hyd at ddwy awr, gan roi proffil manwl o newidiadau yng ngweithrediad yr ymennydd. Maen nhw'n gymorth i weld pa rannau ohono sydd wedi'u heffeithio fwyaf – er enghraifft, y llabed flaen. Mae'r profion hefyd yn gallu amcangyfrif a fu dirywiad o'i gymharu â'r hyn a ddisgwylid ar gyfer yr unigolyn hwnnw.

Therapydd galwedigaethol

Gallai therapydd galwedigaethol hefyd ymwneud â'r asesu, yn y cartref neu mewn rhan arbennig o'r ysbyty. Mae hyn yn fuddiol i asesu sgiliau gweithgareddau bywyd o ddydd i ddydd ac i weld pa fath o gymorth neu addasiadau y bydd eu hangen ar y sawl sydd â dementia. Gellir hefyd asesu'r cartref a nodi'r newidiadau angenrheidiol i gynnal annibyniaeth a lleihau peryglon.

Dylai'r asesiad chwilio am risgiau (er enghraifft, syrthio i lawr y grisiau, neu fynd ar goll) a hefyd a yw'r person yn cael digon o fwyd ai peidio ac yn gallu paratoi ei brydau ei hun. Mae edrych yn oergell person sydd â dementia yn gallu dadlennu llawer amdano!

Gweithiwr cymdeithasol

Gall gweithiwr cymdeithasol asesu pa gymorth ymarferol sy'n angenrheidiol a threfnu i ddarparu hwnnw. Mae perygl y gall eraill ymyrryd â materion ariannol pobl sydd â dementia. Rhaid gwarchod eu buddiannau ariannol naill ai drwy benodeiaeth (*appointeeship*) neu drwy Lys Gwarchod – gall gweithiwr cymdeithasol helpu gyda hyn hefyd.

Archwiliadau eraill

Bydd llawer o bobl sy'n amau bod dementia arnyn nhw yn cael archwiliadau eraill a'r arbenigwr fydd fel rheol yn eu trefnu. Gall y rhain gynnwys:

- sgan tomograffeg gyfrifiadurol (CT: *computed tomography*)

- delweddu cyseiniant magnetig (MRI: *magnetic resonance imaging*)
- sgan tomograffeg gollwng positronau (PET: *positron emission tomography*) amyloid.

Mae'r sganiau hyn yn dangos delweddau manwl o'r ymennydd ac yn gallu dangos y rhannau sydd wedi crebachu neu wedi cael niwed o ganlyniad i strôc. I gael y sganiau uchod mae angen gorwedd ar droli bach sy'n cael ei wthio i mewn i'r sganiwr.

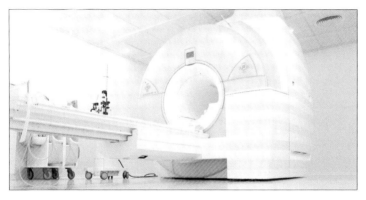

Ffigur 3.1: Sganiwr MRI

Defnyddia MRI guriad magnetig cryf i ddelweddu ffurfiad yr ymennydd yn fanwl iawn. Gall sgan MRI bara tua hanner awr; mae'n bwysig gorwedd yn llonydd ac mae'n gallu teimlo'n glawstroffobig a swnllyd (gweler Ffigur 3.1) yn y sganiwr.

Mae sgan CT yn defnyddio dos fach o belydrau-X i greu delweddau o'r ymennydd. Er nad yw mor fanwl â sgan MRI, gall y sgan fod yn ddefnyddiol. Dim ond ychydig funudau mae'n eu cymryd i wneud sgan CT.

Mae sgan PET amyloid yn defnyddio cemegyn gydag ychydig o ymbelydredd ynddo sy'n cydio mewn amyloid, y protein mewn ymennydd person sydd â chlefyd Alzheimer. Mae'r ymennydd yn goleuo yn nelweddau'r sgan pan fydd amyloid yn bresennol. Ni ddefnyddir sganiau PET mor aml ag y defnyddir sganiau MRI a CT ond gellir defnyddio sgan PET pan na fydd y diagnosis yn glir (gweler Ffigur 3.2).

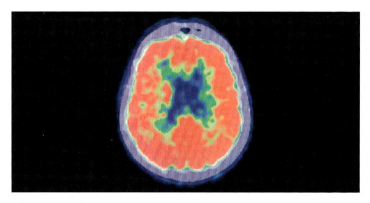

Ffigur 3.2: Delwedd sgan PET

Gall gymryd rhai wythnosau i gael canlyniadau'r sganiau hyn. Bydd y meddyg, mae'n fwy na thebyg, yn gofyn am brofion gwaed i chwilio am anaemia, llid, lefelau fitaminau, iechyd y chwarren thyroid a gweithrediad yr iau a'r arennau. Bydd y canlyniadau hyn ar gael ymhen ychydig ddyddiau fel rheol.

Mae profion eraill yn cynnwys mesur tonfeddi'r ymennydd (electroenceffalogram neu EEG) a thynnu hylif o'r asgwrn cefn. Ar gyfer y prawf EEG, bydd angen gwisgo cap tyn tebyg i gap nofio gyda gwifrau'n dod ohono. Weithiau bydd y darlleniadau a ddaw o'r gwifrau yn helpu i adnabod math neilltuol o ddementia ond ni fydd y prawf hwn yn cael ei ddefnyddio'n aml. Weithiau ceir prawf lle bydd ychydig o hylif yn cael ei dynnu oddi ar yr asgwrn cefn i ddadansoddi'r amyloid, ond anaml iawn y gwneir hyn.

Trafod y diagnosis

Ar ôl gorffen y profion dylai'r meddyg fod yn barod i drafod y diagnosis gyda'r person. Byddai'n hwyluso pethau petai ffrind neu aelod o'r teulu yno hefyd. Mae'r rhan fwyaf o bobl sydd â dementia yn dymuno gwybod beth yw'r diagnosis er y byddai'n well gan eu perthasau beidio â rhoi gwybod iddyn nhw. Mae'n bwysig bod yn agored am ddiagnosis o ddementia.

Dylai'r meddyg ofyn a ydy'r person yn dymuno clywed y diagnosis ai peidio, ac os ydy, dylid ei egluro'n syml a chlir. Mae hyn hefyd yn gyfle i drafod triniaethau, pa gymorth y bydd ei angen a pha gefnogaeth ymarferol, emosiynol ac ariannol sydd ar gael. Bydd sôn am gynlluniau ar gyfer y dyfodol yn fuddiol hefyd, er enghraifft, ysgrifennu cyfarwyddeb ymlaen llaw (*advanced directive*).

Mae'n cymryd amser i rywun ddygymod â'r diagnosis fel rheol. Ond dylid ceisio sicrhau gydag amser eich bod wedi trafod y pwyntiau hyn:

- Pa fath o ddementia sydd gen i?
- Pa driniaethau sydd ar gael?
- Pa fudd-daliadau sydd ar gael i mi?
- Pa fath arall o gymorth a chefnogaeth sydd ar gael i mi?
- Sut fydd y dementia'n debygol o ymgynyddu?
- A oes modd trefnu atwrneiaeth arhosol ar gyfer materion ariannol ac iechyd?
- A ydw i'n gallu ysgrifennu ewyllys?
- Beth yw cynllunio gofal diwedd oes?
- A fydda i'n cael gyrru?

Mae'n anodd deall popeth ar yr un pryd a byddai gwneud apwyntiad arall i weld cwnselydd neu'r meddyg yn gallu bod yn ddefnyddiol.

Pwyntiau allweddol

- Cael diagnosis yw'r cam cyntaf at gael cymorth a chefnogaeth
- Dylai pawb sydd â dementia gael cynnig clywed y diagnosis
- Dylai'r asesiad ystyried ffactorau corfforol, seicolegol a chymdeithasol
- Mae cefnogaeth a chyngor ar ôl cael diagnosis yn bwysig iawn

4
Triniaethau ar gyfer dementia

A YW HI'N BOSIBL TRIN DEMENTIA?

Mae'n bwysig pwysleisio nad triniaeth â chyffuriau yw prif ganolbwynt gofal dementia. Mae rhoi cymorth ymarferol ac emosiynol, eiriolaeth a gwybodaeth i'r unigolyn sydd â dementia, i'w ofalwyr ac i'w deulu, yn rhan fawr o driniaeth dementia.

Credir yn aml nad oes modd trin dementia. Mae'n wir nad yw'n bosibl ei wella, ond mae'n bosibl gwneud llawer i helpu. Dyma fydd prif thema'r bennod hon a'r bennod nesaf.

Astudiaeth achos – Mair

Mair yw fy enw i a dwi wedi dechrau mynd yn fwy anghofus dros y tair blynedd diwetha. Roeddwn i'n meddwl mai henaint oedd o, tan i mi ddechrau methu dilyn sgyrsiau ac ati a mynd i grwydro pan fyddwn i'n trio dod adra o'r siopau. Mi ges i air efo 'ngŵr, Bob, ac mi benderfynon ni forol am gymorth. Mi es i efo 'ngŵr at y meddyg ac mi ges i 'nghyfeirio i'r ysbyty lleol.

Ar ôl i mi gael y profion, gwnaeth y rheini gadarnhau bod clefyd Alzheimer arna i, mae'n fwy na thebyg, ac mi ges i'n rhoi ar gyffur gwrth-ddementia. Ar ôl tri mis o gymryd hwn, roeddwn i'n teimlo'n llawer mwy hyderus pan fyddwn i'n siarad efo 'ngŵr ac erbyn hyn dwi'n gallu mynd i siopa ar fy mhen fy hun.

Mae'r bennod hon yn egluro'r triniaethau sydd ar gael ar gyfer dementia, gan gynnwys triniaethau ar gyfer y cof ac ymddygiad heriol.

ATAL DEMENTIA

Mae ambell beth anorfod sy'n cynyddu'r risg o gael dementia na allwn ni wneud dim amdanyn nhw. Yn eu mysg mae heneiddio, hanes o ddementia yn y teulu a'n haddysg. Fodd bynnag, mae fel petai rhai nodweddion ffordd o fyw yn gysylltiedig â chynnydd yn y risg o gael dementia. Mae ffactorau ffordd o fyw a allai gynyddu'r risg o ddatblygu dementia, ond sy'n bosibl eu trin, yn cynnwys:

- colli'r clyw
- segurdod corfforol
- pwysedd gwaed uchel
- diabetes
- gordewdra

- ysmygu
- unigrwydd cymdeithasol
- yfed gormod o alcohol.

Nid oes cysylltiad cryf rhwng y risgiau uchod â dementia, ac eithrio heneiddio a chyswllt teuluol cryf â dementia, ac mae gwyddonwyr yn aml yn anghytuno pa risgiau sy'n bwysig. Fodd bynnag, yn ystod y blynyddoedd diwethaf mae nifer yr achosion o ddementia (nifer yr achosion newydd mewn carfan benodol o'r boblogaeth) wedi gostwng. Efallai mai'r rheswm am hyn oedd bod iechyd y boblogaeth wedi gwella, felly gellir dadlau bod ffordd iach o fyw'n bwysig i rwystro dementia mewn rhai pobl.

Mae rhai gwyddonwyr wedi awgrymu bod cymryd asbrin, gwrthocsidyddion fel fitamin E neu gyffuriau a elwir yn statinau sy'n gostwng lefelau colesterol, efallai'n lleihau'r tebygolrwydd o gael dementia, ond mae angen rhagor o ymchwil i'r honiadau hyn.

Mae'n ymddangos hefyd fod pobl sy'n cadw'u hymennydd yn brysur yn llai tebygol o ddatblygu dementia. Awgrymwyd y gallai darllen, ymddiddori mewn gweithgaredd fel chwarae cardiau neu wyddbwyll, neu wneud croeseiriau a phosau geiriau helpu i leihau'r risg.

Efallai mai'r cyngor doethaf yw:

- mynd am brawf clyw
- gwneud ymarfer corff yn rheolaidd
- ymarfer eich ymennydd yn rheolaidd
- cyfarfod â phobl
- bwyta deiet iachus

- yfed alcohol yn gymedrol
- peidio ag ysmygu
- cael profion rheolaidd ar gyfer diabetes a phwysedd gwaed uchel.

TRIN DEMENTIA

Mae dwy gyfres o symptomau mewn dementia y gallai fod ag angen eu trin. Y gyntaf yw trin y symptomau gwybyddol (colli'r cof, problemau meddwl a dryswch).

Yr ail yw trin symptomau seicolegol ac ymddygiadol dementia, er enghraifft iselder, gorbryder, rhithwelediaethau, hwyliau pigog neu ymddygiad ymosodol. Bydd y rhain yn dueddol o ddigwydd yn hwyrach yn natblygiad y cyflwr.

Yn aml iawn gwelir adroddiadau yn y wasg am driniaethau newydd syfrdanol. Mae'r rhain yn codi gobeithion ond yn amlach na pheidio nid ydynt yn llwyddiannus.

Triniaeth ar gyfer colli'r cof a symptomau gwybyddol eraill

Astudiaeth achos – Ben

Mae Ben yn arddwr brwdfrydig. Pan ddaeth y meddyg i'w weld yn ei gartref roedd Ben wrth ei fodd yn dangos ei ardd iddo. Ond aeth Ben yn rhwystredig a blin efo fo'i hun pan na allai gofio enwau'r planhigion. Dri mis ar ôl iddo ddechrau cymryd *donepezil*, daeth y meddyg i'w weld eto ac er mawr foddhad iddo, roedd Ben yn gallu cofio enwau'r rhan fwyaf o'r planhigion.

Meddyginiaeth

Tan tua 20 mlynedd yn ôl nid oedd cyffuriau defnyddiol ar gael i drin symptomau gwybyddol dementia. Erbyn hyn y ffordd arferol o drin colli'r cof oherwydd clefyd Alzheimer yw defnyddio grŵp o gyffuriau a adnabyddir fel atalwyr colinesteras.

Ar hyn o bryd mae tri chyffur yn y dosbarth hwn:

1. *donepezil* (Aricept)
2. *galantamine* (Reminyl)
3. *rivastigmine* (Exelon).

Maen nhw i gyd yn gweithio trwy gynyddu lefelau'r trosglwyddydd cemegol sydd yn yr ymennydd a elwir yn asetylcolin. Y ddamcaniaeth yw y dylai'r nerfgelloedd sy'n gyfrifol am y cof fod yn gallu cyfathrebu'n well â'i gilydd gyda chynnydd yn y cemegyn hwn.

Mae rhai pobl, yn sicr, yn teimlo eu bod nhw'n gallu meddwl a chofio'n well ar ôl cymryd y cyffuriau hyn er nad yw pawb yn cael yr un budd. Yn anffodus nid yw'n bosibl dweud ymlaen llaw pwy fydd y rhai a fydd yn gallu manteisio ar y cyffuriau hyn. Dim ond drwy roi cynnig arnyn nhw am gyfnod y bydd modd gwybod.

Mae'n rhaid cymryd y cyffuriau hyn bob dydd am rai wythnosau cyn y gellir gweld unrhyw effaith. Os nad yw un math yn gweithio, mae'n fwy na thebyg nad oes pwrpas rhoi cynnig ar fath arall. Fodd bynnag bydd rhai pobl sy'n cael sgileffeithiau gydag un cyffur yn gallu dygymod yn well â math arall o gyffur.

Bydd angen i arbenigwr ddechrau rhoi'r meddyginiaethau hyn fel rheol. Mae'n debyg y bydd y meddyg yn dymuno gwirio ambell beth, gan gynnwys mesur gweithgarwch trydanol y galon (electrocardiogram/ ECG), cyn rhoi'r cyffuriau hyn.

Mae rhai sgileffeithiau i'r cyffuriau hyn, er y bydd llawer o bobl yn gallu eu cymryd yn gymharol hawdd heb ddioddef sgileffeithiau. Y prif sgileffeithiau mae pobl yn eu cael yw teimlo fel cyfogi, dolur rhydd a phoenau yn y stumog. I nifer o bobl, bydd y sgileffeithiau hyn yn gwella mewn ychydig ddyddiau.

Nid yw'r cyffuriau gwrth-ddementia sydd ar gael ar hyn o bryd yn gallu atal y clefyd rhag ymgynyddu. Ond, os bydd rhywun yn ymateb yn gadarnhaol i'r driniaeth, gallai olygu'r gwahaniaeth rhwng gallu neu fethu gwneud bwyd, neu gofio neu anghofio talu biliau. Hynny yw, gall roi cyfle i rai pobl fyw'n annibynnol am gyfnod hirach.

Dylai'r meddyg weld y person ar ôl iddo fod yn cymryd y tabledi am hyd at chwe mis i weld a ydyn nhw o gymorth iddo. Mae rhwng un person o bob tri ac un o bob pedwar sy'n cymryd y meddyginiaethau hyn yn cael profiad cadarnhaol a bydd parhau i'w cymryd nhw yn fuddiol.

Mae penderfynu a yw'r feddyginiaeth yn gweithio ai peidio yn gallu bod yn anodd. Mae'n debyg mai ymateb y person ei hun a'r hyn a ddywed teulu a chyfeillion agos ynglŷn â gwelliant neu ddirywiad yw'r ffon fesur orau. Gall meddygon ddefnyddio profion gwybyddol fel Asesiad Gwybyddol Montreal i benderfynu a yw'r person yn ymateb yn gadarnhaol i'r feddyginiaeth wrth-ddementia ai peidio. Bydd rhywun sydd â dementia heb ei drin yn dangos sgôr is (gwaeth) ar ôl chwe mis, fel rheol. Os bydd y sgôr yn ddigyfnewid neu'n well nag yr oedd pan ddechreuwyd ar y feddyginiaeth, yna byddai hynny'n awgrymu bod y feddyginiaeth yn gweithio.

Therapi ysgogiad gwybyddol

Therapi siarad yw hwn – bydd pobl yn cyfarfod â'i gilydd naill ai'n unigol neu mewn grwpiau unwaith neu ddwy yr wythnos i wneud amrywiaeth o weithgareddau fel cwisiau a gemau geiriau, sgwrsio am faterion cyfoes neu am eu plentyndod. Credir bod yr agwedd gymdeithasol a'r gweithgarwch ei hun yn llesol i wella'r cof. Mae ymchwil wedi awgrymu bod therapi ysgogiad gwybyddol yn cynorthwyo pobl â dementia ac yn gallu bod yr un mor effeithiol â thabledi.

Memantine

Mae cyffur sy'n effeithio ar gemegyn cof arall a elwir yn NMDA (N-methyl-d-asparate) wedi'i ddefnyddio i drin dementia yn y cyfnod diweddarach. Credir y gall wella hwyliau pigog a chynnwrf meddwl.

Ginkgo biloba

Mae Ginkgo biloba, rhin (*extract*) naturiol o goeden gwallt y forwyn, yn cael ei hyrwyddo fel triniaeth sy'n cynorthwyo gwella'r cof. Mewn profion dementia clinigol mae'r canlyniadau'n amrywio, sy'n awgrymu nad yw Ginkgo'n driniaeth effeithiol.

Asbrin

Mae asbrin a chyffuriau gwrthlidiol (*anti-inflammatory*) ansteroidaidd eraill wedi'u hawgrymu, ond nid oes digon o ymchwil wedi'i wneud i benderfynu a yw'r rhain o fudd ai peidio.

Mae llawer iawn o driniaethau eraill wedi'u hymchwilio ond nid oes neb wedi profi bod yr un ohonyn nhw'n effeithiol.

Trin symptomau ymddygiadol

Astudiaeth achos – Richard

Roedd Richard yn byw gyda'i bartner, Andrew, mewn fflat ac wedi datblygu dementia ryw bedair blynedd yn ôl. Yn ddiweddar roedd ei ymddygiad wedi dechrau mynd yn fwy heriol. Roedd o'n gwlychu'i hun a phob prynhawn byddai'n cynhyrfu ac yn ceisio mynd allan o'r fflat dan weiddi ei fod o eisiau mynd adre. Doedd o ddim yn sylweddoli mai'r fflat oedd ei gartref!

Roedd Andrew yn awyddus iawn i ofalu am Richard yn eu cartref ond roedd hi'n mynd yn fwyfwy anodd iddo. Anfonodd yr ysbyty lleol nyrs gymunedol atyn nhw a arbenigai mewn dementia. Rhoddodd gyngor i Andrew ar sut i ddelio ag arferion gwlychu Richard, gan gynnwys mynd â Richard i'r toiled yn rheolaidd a rhoi padiau arbennig iddo.

Awgrymodd y nyrs hefyd, yn hytrach na cheisio cadw Richard yn y fflat yn y prynhawniau, y dylai Andrew fynd ag o am dro bach i lawr y stryd cyn gynted ag y byddai'n cynhyrfu. Pan wnaeth o hyn, roedd Richard yn llawer mwy bodlon ei fyd fin nos.

Pan ddisgrifiwyd clefyd Alzheimer am y tro cyntaf gan Alois Alzheimer, fe nododd mai'r newidiadau mewn hwyliau ac ymddygiad, yn hytrach na'r cof, oedd y symptomau mwyaf anodd. Bydd ymddygiad neu hwyliau pawb bron sydd â dementia yn newid rhywfaint a bydd sawl symptom i'w gweld mewn nifer o bobl. Gall y symptomau hyn achosi llawer o wewyr i'r bobl sydd â dementia yn ogystal ag i'r rhai sy'n gofalu amdanyn nhw. Mae rhai symptomau, fel iselder, yn gallu gwneud problemau'r cof yn waeth a chyfyngu ar y gallu i wneud y pethau sy'n angenrheidiol ar gyfer byw o ddydd i ddydd.

TABL 4.1: YMDDYGIAD AC EMOSIWN YN NEWID MEWN DEMENTIA

Cyffredin iawn	Cyffredin	Llai cyffredin
Difaterwch	Bod yn ymosodol yn eiriol neu yn gorfforol	Crio
Aflonyddwch		Gwneud yr un peth drosodd a throsodd
Problemau bwyta	Cynnwrf meddwl	Rhithweledigaethau
Problemau cysgu	Sgrechian	
Iselder	Problemau rhywiol	
Gorbryder	Meddyliau paranoid	
Ailadrodd cwestiynau		

Weithiau gall rhesymau corfforol fel haint ar yr wrin neu rwymedd achosi'r symptomau. Felly, dylai unrhyw un sydd â symptom o blith yr uchod weld meddyg er mwyn diystyru rheswm corfforol. Ar ôl diystyru achos corfforol, bydd y driniaeth yn dibynnu ar y symptom.

Mae'n ddefnyddiol gweld y symptomau hyn yng nghyd-destun amgylchiadau gorffennol a phresennol y person ei hun. Er mwyn i hyn ddigwydd, mae cael 'hanes bywyd' y person yn gallu bod yn help mawr. Mae stori bywyd yn rhoi darlun cyflawn o'r unigolyn: ei gefndir, ei addysg, ei ddiddordebau, ei yrfa, ei berthynas ag eraill a nodweddion ei bersonoliaeth.

Mae creu stori bywyd gyda help y person sydd â dementia, ei deulu a'i ffrindiau yn gallu bod yn ddefnyddiol iawn os bydd yn mynd i gartref gofal. Bydd y staff a fydd yn gofalu amdano yn ei ddeall yn well o lawer. Gallwch gyflwyno'r wybodaeth yma ar ffurf albwm gyda ffotograffau.

Yn ddiweddar mae meddygon wedi troi oddi wrth ddefnyddio meddyginiaethau i reoli problemau ymddygiad pobl sydd â dementia. Cyn ystyried rhoi cyffuriau, dylid chwilio am resymau corfforol fel heintiau a phoen, a gofalu bod y person yn gwneud digon o ymarfer corff ac yn cael digon o gyfle i gymdeithasu a gwneud gweithgareddau digonol ac addas. Erbyn hyn nid yw'n addas cyflwyno diagnosis o 'broblemau ymddygiadol' a rhoi tawelydd cyffredinol. Mae meddygon yn cydnabod bellach fod sawl isddosbarth o symptomau ymddygiadol a seicolegol ynghlwm â dementia ac y dylid ymdrin â phob un yn unigol.

Beth bynnag yw achos y dementia, bydd y symptomau ymddygiadol a seicolegol yn debygol o newid a gwaethygu wrth i'r afiechyd ymgynyddu. Oherwydd hyn dylid adolygu triniaeth pobl yn rheolaidd.

Iselder

Astudiaeth achos – Alwena

Roedd Alwena wrth ei bodd efo cerddoriaeth. Bu'n aelod o gorau amrywiol ers iddi fod yn wyth oed. Gallai ganu'r piano'n ardderchog yn ogystal â chwarae'r ffliwt. Bu'n gwirfoddoli am flynyddoedd lawer yn dysgu cerddoriaeth mewn carchar. Roedd ganddi gasgliad enfawr o gerddoriaeth glasurol.

Roedd clefyd Alzheimer ar Alwena ers wyth mlynedd ac yn ddiweddar symudodd i gartref preswyl. Er iddi hi ymweld â'r lle a rhoi'r argraff ei bod yn ei hoffi, ar ôl iddi hi symud yno i fyw fe'i trawyd hi gan orbryder ac iselder ac roedd yn bigog iawn.

Byddai'n cerdded yn ôl a blaen yn y coridorau ac weithiau'n gweiddi ar y teledu. Roedd staff y cartref yn ymwybodol o hanes bywyd Alwena ac yn meddwl ei bod hi'n anhapus oherwydd nad oedd hi'n gallu gwrando ar ei cherddoriaeth. Daeth ei hŵyr i'r adwy a rhoi hoff gerddoriaeth Alwena ar chwaraewr MP3. Erbyn hyn mae golwg fwy dedwydd ei byd o lawer ar Alwena gyda'i cherddoriaeth.

Mae'n anodd rhoi diagnosis o iselder mewn un sydd â dementia. Yn aml nid yw pobl yn gallu dweud eu bod nhw'n teimlo'n drist. Mae iselder yn gallu dwysáu symptomau fel anghofio, diffyg canolbwyntio ac ysgogiad. Os oes amheuaeth fod iselder ar rywun sydd â dementia, dylai meddyg ei weld ar unwaith, rhag ofn fod angen tabledi gwrthiselder arno.

Crio

Mae pobl yn gallu crio er nad ydyn nhw'n ymddangos yn isel. Weithiau mae pobl yn pendilio rhwng chwerthin a chrio ar amrantiad. Gelwir hyn yn ansefydlogrwydd emosiynol. Mae'n gallu peri gofid i bobl sy'n gweld hyn, ond ni fydd y person sy'n ansefydlog yn ymddangos fel petai mewn gwewyr. Mae cyffuriau gwrthiselder yn gallu bod o fudd weithiau.

Cynnwrf meddwl ac aflonyddwch

Gall symudiadau ailadroddus, dibwrpas a cherdded yn ôl a blaen fod yn arwyddion o boen, anghysur corfforol neu ddiflastod, ond yn aml maen nhw'n digwydd heb reswm o gwbl. Rhain yw'r symptomau sy'n achosi mwyaf o wewyr i ofalwyr er nad ydyn nhw i'w gweld yn amharu ar yr un sydd â dementia.

Os nad yw'n tarfu gormod arnoch chi, efallai mai ceisio dioddef yr aflonyddwch yw'r peth gorau i'w wneud. Fodd bynnag, mae newid yn y drefn yn gallu lliniaru'r broblem weithiau.

Craidd y driniaeth ydy dadansoddi'r ymddygiad i geisio dod o hyd i'w achos a'i ganlyniadau. Gallai hyn ddatrys y broblem, fel y gwelwn yn yr achos nesaf.

Astudiaeth achos – James

Roedd James yn gawr o ddyn – dros chwe throedfedd o daldra ac yn ddyn trawiadol yn y cartref nyrsio lle'r oedd yn byw. Roedd dementia fasgwlar ar James a oedd yn effeithio ar ei leferydd ac roedd hi'n anodd iawn iddo gyfathrebu â phobl oherwydd nad oedden nhw'n ei ddeall.

Aeth yn fwy ymosodol ac weithiau byddai'n taro'r trigolion eraill ac aelodau staff y cartref. Daeth staff y cartref i ben eu tennyn a mynnu ei fod yn mynd i ysbyty.

O ddadansoddi ei ymddygiad, sylweddolwyd ei fod ar ei waethaf adeg prydau bwyd. Sylwodd y nyrs fod James yn ymddwyn yn gynyddol gynhyrfus ac weithiau'n dreisgar pan fyddai'r bwyd yn cael ei weini. Byddai ei ymddygiad yn gwaethygu os na fyddai'n cael ei fwyd ar unwaith.

Roedd o hefyd fel petai o'n dal i fod yn llwglyd ar ôl iddo fo gael ei fwyd (byddai'n cael yr un faint o fwyd â phawb arall). Penderfynwyd rhoi cynnig ar roi bwyd James iddo cyn y lleill a rhoi rhagor o fwyd iddo – roedd y gwahaniaeth yn syfrdanol. Diflannodd yr ymosodedd a pharhaodd James i fyw yn y cartref nyrsio.

Yn y gorffennol byddai'r problemau hyn yn aml yn cael eu trin â chyffuriau gwrthseicotig fel *haloperidol* neu *risperidone*, ond darganfuwyd bod y cyffuriau yma'n niweidiol i rai pobl sydd â dementia (yn achosi iddyn nhw syrthio, yn eu gordawelu, ac yn achosi strociau a marwolaeth gynamserol). Dim ond mewn achosion eithafol iawn y dylid eu defnyddio, ac wedi'u rhagnodi gan arbenigwr.

Gall rhai cyffuriau nad ydyn nhw'n wrthseicotig fod yn fuddiol i ddelio â chynnwrf ac aflonyddwch. Maen nhw'n cynnwys *memantine*, sy'n helpu i leihau cynnwrf meddwl ac mae *trazodone* hefyd yn effeithiol i leihau aflonyddwch yn ystod y nos.

Mae'r rhai sydd â dementia gyda chyrff Lewy ac sy'n aflonydd yn ystod y nos (anhwylder cwsg symudiad llygaid cyflym) yn ymateb yn dda i feddyginiaeth o'r enw *clonazepam*.

Problemau bwyta

Mae archwaeth a chwant am fwyd yn newid mewn pobl sydd â dementia. Efallai y byddan nhw'n ei chael hi'n anodd dweud wrth bobl eu bod yn llwglyd. Mae llawer o bobl yn colli pwysau pan fydd dementia'n datblygu er bod eu harchwaeth am fwyd melys yn cynyddu. Gall agwedd fwy hyblyg tuag at brydau bwyd fod yn fuddiol. Er enghraifft, gellid cynnig mân bethau i'w bwyta i bobl neu brydau bwyd llai o faint a'r rheini i'w bwyta'n amlach yn ystod y dydd. Gellid newid y deiet i weddu i'r unigolyn.

Problemau cysgu

Mae methu cysgu yn ystod y nos yn broblem gyffredin. Mae rhai'n codi'n blygeiniol gan feddwl ei bod hi'n fore; weithiau byddan nhw'n gwisgo amdanyn nhw ac yn ceisio mynd i'r gwaith. Mae problemau methu cysgu yn y nos yn dwysáu yn aml os bydd y person yn hepian yn ystod y dydd a heb wneud digon o ymarfer corff.

I ddechrau, dylid dod i'r drefn o gael digon o ymarfer corff ac awyr iach bob dydd. Dylid peidio â chael cyntun yn ystod y dydd na bwyta prydau bwyd trwm ac yfed diodydd sy'n ysgogi (fel coffi) cyn amser gwely. Mae llenni trwchus yn help i rwystro rhywun rhag deffro'n rhy gynnar a gallai cloc gerllaw ei wely ddangos faint o'r gloch yw hi a'i atgoffa ei bod hi'n nos. Os na fydd yr un o'r argymhellion uchod yn gweithio, efallai y bydd meddyg yn rhoi sedatif ar bresgripsiwn. Gall hwn achosi i'r person syrthio a drysu'n waeth, felly mae angen gofal mawr wrth ei ddefnyddio.

Dadatal

Methu rheoli ein chwantau yw dadatal (*disinhibition*). Er enghraifft, pan welwn ni rywun deniadol dros ben efallai y bydden ni'n teimlo rhyw awydd i'w gusanu neu ei chusanu, ond fel arfer byddem yn ein rhwystro ein hunain rhag gwneud hynny.

Dadatal yw un o'r symptomau mwyaf anodd dygymod ag o. Gall pobl ddweud pethau cas neu frwnt neu ymddwyn yn amhriodol – er enghraifft gwneud dŵr mewn man cyhoeddus, neu wneud ensyniadau rhywiol tuag at berthnasau, ffrindiau neu rywun sy'n cerdded heibio. Gall y symptomau hyn fod yn anodd eu trin a bydd angen cyngor arbenigwr. Weithiau, mewn achosion eithafol bydd angen sedatif i geisio rwystro'r ymddygiad.

Problemau rhywiol

Mae problemau rhywiol fel mynnu cael rhyw yn afresymol o aml, mastwrbio'n gyhoeddus, cyffwrdd â'r genitalia neu ofyn i ddieithriaid am ryw, i gyd yn ffyrdd o ymddwyn sy'n gallu bod yn annymunol a chwithig i bartneriaid a gofalwyr.

Rhaid cofio bob amser mai'r clefyd sy'n peri'r ymddygiad yma ac nad oes bai ar y person ei hun. Ond gall fod yr un mor siomedig hefyd pan na fydd y naill bartner yn dymuno cael rhyw a'r llall yn teimlo'n wrthodedig iawn. Os bydd unrhyw un o'r problemau hyn yn codi, byddai'n help mawr cael gair gyda meddyg neu nyrs arbenigol a fydd yn aml yn gallu cynnig cyngor defnyddiol. Weithiau gellir defnyddio cyffuriau i leihau'r ysfa am ryw.

Mae'r un mor rhwystredig (i bartner) pan fydd yr ysfa am ryw yn diflannu oherwydd dementia. Bydd libido yn amrywio gydag amser ond gall perthynas rywiol gael ei cholli'n barhaus. Weithiau bydd arbrofi mewn ffyrdd gwahanol yn gallu cynnau tân ar hen aelwyd unwaith eto.

Rhithdybiau a rhithiau

Mae pobl sydd â dementia yn aml yn profi rhithdybiau a rhithiau. Rhithdybiau yw rhywun yn credu, er enghraifft, bod pobl yn dwyn oddi arno neu'n ceisio'i niweidio. Rhithiau neu rithweledigaethau yw clywed neu weld pethau nad ydyn nhw yno.

Os na fydd y symptomau hyn yn achosi gwewyr i'r person, efallai mai gadael llonydd i bethau sydd orau. Mae

cyffuriau gwrthseicotig ar gael a allai leddfu'r symptomau
ond mae risgiau'n gysylltiedig â nhw ac ni ddylid eu rhoi
nhw ond trwy bresgripsiwn arbenigwr a fydd yn adolygu
cyflwr y person yn rheolaidd.

Pwyntiau allweddol
- Gall cadw corff iach ac ymennydd prysur fod yn
  fuddiol i atal dementia
- Gall triniaeth â chyffuriau gwrth-ddementia,
  sef atalwyr colinesteras, fod yn ddefnyddiol i
  liniaru colli cof a symptomau gwybyddol eraill
- Dylid gweld symptomau ymddygiadol yng
  nghyd-destun hanes bywyd yr unigolyn – ni
  ddylid rhoi tawelyddion nes na fydd unrhyw
  ddewis arall

5
Cael cymorth

SUT I GAEL CYMORTH – PWY SY'N TALU AMDANO?

Mae cymorth ar gael o nifer o ffynonellau gwahanol a gall y gweithwyr proffesiynol y sonnir amdanyn nhw yn y bennod hon fod yn ddefnyddiol i chi. Mae hawl gan bawb sydd â dementia a'u gofalwr i gael asesiad anghenion. Aseswr sydd wedi cael hyfforddiant pwrpasol a fydd yn gwneud hwn fel rheol – gweithiwr cymdeithasol neu therapydd galwedigaethol o'r adran gwasanaethau cymdeithasol leol, er enghraifft.

Yn unol â Deddf Gwasanaethau Cymdeithasol a Llesiant (Cymru) 2014, mae gennych hawl i gael asesiad yn rhad ac am ddim gan eich awdurdod lleol os yw hi'n debyg fod angen gofal arnoch chi a help i fyw o ddydd i ddydd. Mae'r hawl hwn gennych chi waeth beth yw'ch sefyllfa ariannol. Nid oes rhaid talu am yr asesiad hwn er y bydd yn rhaid i chi ofyn amdano, efallai. Gallwch ffonio'r adran gwasanaethau cymdeithasol leol neu fe all eich meddyg teulu eich atgyfeirio chi atyn nhw. Gallai'r asesiad amlygu nifer o anghenion. Ar ôl gorffen y broses asesu hon mae'n bosibl penderfynu a ydych chi'n deilwng i gael gofal a chefnogaeth gan yr awdurdod lleol ai peidio.

Bydd gweithiwr allweddol penodol, y gweithiwr cymdeithasol fel rheol, yn llunio cynllun gofal i hyrwyddo'ch annibyniaeth a'ch lles, yn trafod eich anghenion ac yn gweithio gyda chi i ddarganfod beth sydd ar gael yn lleol. Bydd y math hwn o gymorth yn cynnwys gwybodaeth, gofal yn y cartref, help gyda siopa a glanhau, prydau ar glud, canolfannau dydd oedolion a gofal seibiant. Mae'r cymorth hwn yn seiliedig ar brawf modd fel rheol a bydd yn rhaid i chi dalu amdano neu gyfrannu at y gost. Yr awdurdod lleol a fydd yn penderfynu a fydd yn rhaid i chi dalu a faint i'w godi arnoch chi. Ar hyn o bryd, mae'r prawf modd yn diystyru eich cyfalaf a'ch cynilion o dan £24,000 a bydd y cyngor yn cyfrannu tuag at gost eich gofal. Os oes gennych gyfalaf a chynilion dros £24,000, bydd yn rhaid i chi dalu am eich holl ofal cymdeithasol eich hun.

Pan fydd y cyngor yn asesu eich anghenion gofal a chefnogaeth, gofynnir i chi lenwi asesiad ariannol hefyd. Ar sail hwn y penderfynir a fyddwch chi'n gorfod talu ai peidio, a faint y byddwch chi'n ei gyfrannu tuag at eich gwasanaeth gofal a chefnogi os bydd angen i chi dalu. Eich modd personol chi eich hun fydd yn cael ei asesu, nid modd unrhyw aelod arall o'r teulu, hyd yn oed os yw'n gofalu am eich materion ariannol chi ar eich rhan.

Mae Deddf Gwasanaethau Cymdeithasol a Llesiant (Cymru) 2014 yn rhoi pwyslais ar daliadau uniongyrchol. Mae gan awdurdodau lleol rym i ddarparu taliadau uniongyrchol i ddiwallu anghenion gofal a chefnogaeth oedolyn ac anghenion cefnogaeth gofalwr. Gall taliadau uniongyrchol fynd tuag at ofal a chefnogaeth yn y gymuned a gofal a chefnogaeth preswyl tymor hir a thymor byr.

MATHAU O GYMORTH

Bydd angen cymorth ar bawb sydd â dementia ac ar eu gofalwyr. Dyma'r mathau o gymorth y gofynnir amdano gan amlaf:

- gwybodaeth
- cymorth ymarferol
- cymorth meddygol
- cefnogaeth bersonol.

Mae cefnogaeth i bobl sydd â dementia yn amrywio'n helaeth ar hyd a lled y wlad – gall fod yn dda iawn mewn rhai ardaloedd ac yn gyfyngedig mewn eraill. Y gobaith yw y bydd *Cynllun Gweithredu Cymru ar gyfer Dementia 2018–2022* a datblygiadau tebyg mewn gwledydd eraill yn sicrhau y bydd gwasanaethau da ar gael yn ehangach.

Gwybodaeth

Bydd angen gwybodaeth am bob agwedd ar ddementia a ble i ddod o hyd i gymorth. Mae'r rhan fwyaf o wybodaeth ar gael am ddim (ar-lein, mewn llyfrgell, mewn meddygfa, gan Gyngor Ar Bopeth neu'ch awdurdod lleol) ond efallai yr hoffech chi brynu llyfr neu ddau. Bydd y wybodaeth yn newid gydag amser. Mae rhywfaint o fudd-daliadau ariannol ar gael i bobl sydd â dementia a'u gofalwyr a bydd angen cyngor a gwybodaeth am y rhain ac am drefnu ewyllys neu atwrneiaeth arhosol. Efallai y bydd problemau ariannol gan rai pobl sydd â dementia a'u gofalwyr a dylen nhw ofyn am gyngor gan weithiwr cymdeithasol am y mathau gwahanol o fudd-daliadau sydd ar gael ar eu cyfer, er enghraifft, Lwfans Gweini, Lwfans Gofalwr, Credyd Gofalwr, Gostyngiad yn y Dreth Gyngor, Cymhorthdal Incwm Premiwm Anabledd, Taliad Annibyniaeth Personol (PIP: *Personal Independent Payment*) a Chredyd Cynhwysol.

Mae llawer o ffynonellau cymorth ar gael. Dylai'ch meddygfa leol fod yn fan cychwyn da oherwydd bod gwybodaeth yno am y gwasanaethau sydd ar gael yn lleol. Yng Nghymru yn unig gellir gwneud cais am Daliad Cymorth i Unigolion o dan Gronfa Cymorth Dewisol Llywodraeth Cymru. Mae hwn yn eich helpu chi neu rywun rydych yn gofalu amdano i fyw'n annibynnol yn hytrach na mynd i gartref gofal neu ysbyty. Gyda'r taliad hwn cewch brynu nwyddau trydanol fel oergell, popty a pheiriant golchi, neu eitemau hanfodol i'r cartref fel gwely, dillad gwely a chadeiriau.

Mae timau cefnogi dementia gan nifer o awdurdodau lleol. Mae'r Alzheimer's Society yn darparu llawer o wybodaeth sydd wedi'i ysgrifennu'n eglur ac yn hawdd ei ddeall – mae grwpiau cefnogi gan y gymdeithas hon mewn sawl ardal.

Gall cymdeithasau eraill fel Rare Dementia Support a'r Lewy Body Society ddarparu gwybodaeth. Mae Nyrsys Admiral, sydd wedi'u hyfforddi gan yr elusen Dementia UK ac yn gweithio i awdurdodau lleol, yn cynnig cymorth,

85

eiriolaeth a chefnogaeth ymarferol i ofalwyr pobl sydd â dementia.

Mae sawl llyfr ar gael i bobl sydd â dementia ac i'w gofalwyr. Gweler Pennod 10, Gwybodaeth ddefnyddiol, am fanylion cyswllt rhai o'r prif sefydliadau sy'n cynhyrchu deunydd darllen.

Cymorth ymarferol

Bydd yr angen am gymorth yn y cartref ac addasiadau i'r cartref yn newid gydag amser. Dyna pam y mae mor bwysig asesu anghenion y person a bod y gweithiwr cymdeithasol yn gyfrifol am sicrhau bod yr anghenion i gyd yn cael eu diwallu a'u hailasesu o bryd i'w gilydd. Mae gan ofalwyr hawl i gael eu hasesu'n rheolaidd hefyd. Gartref, efallai y bydd angen y canlynol ar yr un sydd â dementia:

- cymorth gyda'r gwaith tŷ, siopa a phryd ar glud
- offer diogelwch a chyfarpar fel comodau, gwasanaeth golchi dillad, cyngor ar sut i godi a thrafod pobl, dillad arbennig, teclynnau codi
- diogelwch yn y cartref: gall datblygiad diweddar a adnabyddir fel teleofal neu dechnoleg gynorthwyol gynnig offer dyfeisgar i helpu i wneud y cartref yn fwy diogel. Mae'r rhain yn cynnwys larymau sy'n canu os bydd drws y tŷ'n agor neu os bydd rhywun yn cael codwm, a synwyryddion sy'n canu larwm os na fydd y nwy wedi'i ddiffodd neu dap wedi'i gau. Mae'r dechnoleg gynorthwyol hefyd yn gallu

cynnig rhywfaint o gymorth i geisio mynd i'r afael
â'r perygl o fynd ar goll
- cymorth i gael bath, codi yn y bore, gwisgo amdano
a mynd i'r gwely yn y nos
- cymorth i gymryd meddyginiaeth
- cymorth i agor llythyrau a threfnu a thalu biliau
- cymorth i symud o gwmpas wrth ymgymryd â
gweithgareddau yn y tŷ a thu allan
- cais am asesiad gan y frigâd dân leol.

Cymorth meddygol

Mae ymweld yn rheolaidd â'r meddyg yn bwysig iawn.
Bydd angen y canlynol ar y sawl sydd â dementia:

- archwiliadau rheolaidd gan y meddyg – bob chwe
mis, yn ddelfrydol
- triniaeth brydlon ar gyfer cyflyrau iechyd eraill a
allai godi, fel iselder neu heintiau
- cyngor cyffredinol am ddeiet ac ymarfer corff
- gofalu am y traed, cael profion llygaid a chlyw ac
ymweld â'r deintydd yn rheolaidd.

Mae angen cyngor ar y gofalwr ar y newidiadau mewn
ymddygiad er mwyn iddo ddeall sut mae gofalu am rywun
sydd â dementia a rheoli'r gofal. Dylai'r gofalwr hefyd
ofalu am ei iechyd ei hun. Bydd gofalwr iach sy'n byw
gyda rhywun sydd â dementia, neu sydd â pherthynas
agos ag ef neu hi, yn gaffaeliad mawr.

Cefnogaeth bersonol

Mae sawl ffordd o gael cefnogaeth bersonol i ofalwyr ac i'r bobl sydd â dementia. Mae gan bob gofalwr hawl i asesiad gofalwyr. Mae hyn yn caniatáu i'r gweithwyr proffesiynol weld pa anghenion a gwasanaethau sydd ar gael i hyrwyddo lles ac i gefnogi gofalwyr gyda'u hanghenion gofalu. Gall y gweithiwr cymdeithasol sy'n gyfrifol am weithredu'r asesiad anghenion ac asesiad y gofalwyr, ddarparu cyngor a'u cyfeirio at wasanaethau fel y rhai isod.

Cymryd hoe/gofal seibiant

Mae hi'r un mor anodd yn emosiynol i ofalu am rywun sydd â dementia ag ydyw i'r un sy'n cael y gofal. Gall ymlafnio i ddygymod ar eich pen eich hun fod yn llethol a bydd hyn yn ei dro yn gwneud bywyd yn anodd iawn i'r sawl sydd â dementia.

Fel arfer mae'n bwysig bod yr un sydd â dementia a'i ofalwr yn cael ysbaid ar wahân i'w gilydd. Mae felly'n bwysig iawn cael cyfnodau o seibiant i'r sawl sy'n cael y gofal ac i'r gofalwr. Bydd cymdeithasu gyda ffrindiau, canlyn ei ddiddordebau, neu ymlacio o gwmpas y tŷ heb orfod cadw golwg ar yr un sydd â dementia drwy'r amser, yn gwneud lles i'r gofalwr.

Bydd gallu cymdeithasu â phobl wahanol a chymryd rhan mewn gweithgareddau eraill yn gwneud lles i'r un sydd â dementia.

Mae sawl gwahanol fath o ofal seibiant. Efallai y bydd yr un sydd â dementia yn gallu mynd i ganolfan ddydd am ddiwrnod neu fwy o'r wythnos, os yw'r gwasanaeth ar gael yn lleol a'i fod yn barod i fynd yno.

Efallai y bydd yn bosibl i rywun ddod i gadw cwmni i'r un sydd â dementia er mwyn i'r gofalwr gael mynd allan am brynhawn neu gyda'r nos. Neu gallai'r gwasanaethau cymdeithasol gynnig cyfnodau seibiant mwy estynedig, o wythnos neu bythefnos, mewn cartref gofal ar ôl asesu'r anghenion.

Cyfle i sgwrsio â rhywun

Mae gofalwyr a phobl sydd â dementia fel ei gilydd wedi disgrifio'r manteision o allu sgwrsio â rhywun sydd â'r un problemau â nhw. Mae grwpiau cymorth mewn sawl rhan o'r wlad. Cewch wybodaeth am y ddarpariaeth leol gan eich cydlynydd gofal neu drwy gysylltu ag Alzheimer's Society Cymru neu Age Cymru.

Gofal preswyl a gofal nyrsio parhaol

Weithiau mae cael gofal preswyl yn gallu cryfhau'r berthynas rhwng pobl sydd â dementia a'u gofalwyr gan ei fod yn caniatáu iddo fod yn aelod o deulu, yn ffrind ac yn bartner yn hytrach nag yn ofalwr. Bydd gweithwyr proffesiynol yn helpu gofalwyr i sicrhau bod y rhai sydd â dementia yn cael gofal yn eu cartrefi eu hunain cyn ystyried gofal preswyl. Mae nifer o resymau dros ystyried gofal preswyl, er enghraifft, pan fydd iechyd corfforol yn dirywio, ymddygiad yn newid, neu pan na fydd y gofal a'r gefnogaeth gan y gymuned yn gallu diwallu anghenion yr unigolyn mwyach. Efallai y daw adeg pan na fydd modd gofalu am y sawl sydd â dementia yn ei gartref oherwydd ei bod hi'n rhy anodd neu oherwydd nad yw'n bosibl mwyach. Bydd angen trafodaeth rhwng y sawl sydd â dementia, y gofalwr, y meddyg teulu neu'r arbenigwr o'r ysbyty a'r gweithiwr cymdeithasol. Efallai y bydd hyn yn codi os bydd y sawl sydd â dementia yn byw ar ei ben ei hun a bod gormod o risg i ddiogelwch yr unigolyn. Anaml iawn y bydd hi'n bosibl trefnu gofal 24 awr ar gyfer unigolyn gartref a bydd yn eithriadol o ddrud.

Gellir trefnu gofal preswyl hefyd os bydd yr unigolyn sydd â dementia yn creu risg i bobl eraill. Gallai hyn ddigwydd pe bai'r gofalwr yn digwydd bod mewn cyflwr bregus ei hun, yn gorfforol neu'n feddyliol, ac yn methu ymdopi er gwaethaf y cymorth dyddiol a'r gofal preswyl ysbeidiol sydd ar gael.

Mae pedwar math gwahanol o leoliad gofal: cartrefi gwarchod a chartrefi cymunedol â chymorth, cartrefi gwarchod gofal ychwanegol, cartrefi preswyl a chartrefi nyrsio. Bydd yr awdurdodau lleol neu'r Gwasanaeth Iechyd Gwladol (GIG) yn asesu rhywun ar gyfer cael cymorth ariannol os tybir bod angen gofal parhaol arno a bod pob carreg wedi'i throi i geisio cadw'r person yn ei gartref. Os bydd angen i chi fynd i gartref preswyl efallai y bydd yn rhaid i chi gyfrannu tuag at gost eich gofal. Bydd angen i chi drafod hyn â'ch gweithiwr cymdeithasol.

PWY SY'N GALLU CYNORTHWYO?
Gwasanaethau iechyd a chymdeithasol
Mae'r sawl sydd â dementia, y gofalwr, y gweithiwr cymdeithasol a'r meddyg teulu i gyd yn cydweithio i gyflwyno gofal drwy gydol yr afiechyd. Y meddyg teulu a

fydd yn gofalu'n bennaf am iechyd y sawl sydd â dementia ac am y gofalwr.

I gael diagnosis cadarn a chyngor ar reoli a thrin y cyflwr, bydd y meddyg teulu'n aml yn cyfeirio'r un sydd â dementia a'r gofalwr at arbenigwr. Mae'r gwasanaeth hwn am ddim.

Gallai'r arbenigwr fod yn un o'r canlynol:

- seiciatrydd pobl hŷn (meddyg sy'n arbenigo mewn anhwylderau meddyliol pobl hŷn)
- niwrolegydd (arbenigwr ar glefydau'r system nerfol)
- geriatregydd (arbenigwr mewn clefydau meddygol pobl hŷn).

Bydd y sawl sydd â dementia yn gweld un o'r arbenigwyr hyn yn ôl:

- ei oed
- ei symptomau
- y gwasanaethau sydd ar gael yn lleol.

Weithiau bydd hi'n ofynnol gweld mwy nag un arbenigwr; er enghraifft gallai niwrolegydd ofyn i seiciatrydd pobl hŷn am ei farn os oes arwyddion o iselder.

Os mai seiciatrydd pobl hŷn yw'r arbenigwr, bydd hwn fel rheol yn rhan o dîm iechyd meddwl yn y gymuned sy'n cynnwys gweithwyr cymdeithasol, seicolegwyr, therapyddion galwedigaethol a nyrsys arbenigol. Wrth i'r afiechyd ymgynyddu bydd cyngor a chefnogaeth ar gael gan un neu ragor o aelodau'r tîm hwn yn rhad ac am ddim. Ni fydd gan yr arbenigwyr eraill dîm wrth gefn yn gweithio gyda nhw fel rheol.

Gall yr arbenigwr neu'r meddyg teulu atgyfeirio rhywun at y gwasanaethau cymdeithasol i gael cymorth gydag ymolchi a gwisgo, at y podiatrydd/ciropodydd os bydd angen trin y traed ac at weithiwr proffesiynol arbenigol am gyngor ar sut i ddelio â gwlychu a baeddu.

Gall y therapydd galwedigaethol roi cyngor ar helpu rhywun i gynnal ei sgiliau a'i annibyniaeth gyhyd â phosibl ac ar offer yn ei gartref.

Mae'r gweithiwr cymdeithasol yn gallu trefnu seibiant o'r gofalu neu o gael y gofal. Mae nifer o asiantaethau gwahanol yn darparu hyn – gwirfoddol, preifat neu wladol – ac efallai y bydd angen talu am y rhain.

Bydd y gweithiwr cymdeithasol yn trafod â'r sawl sydd â dementia a'r gofalwr beth fyddai'n fwyaf defnyddiol. Gydag amser gallai'r gofynion hyn newid. Mae nifer o bosibiliadau y gellid eu haddasu ar gyfer anghenion penodol yr un sydd â dementia a'i ofalwr. Bydd y rhain yn newid gydag amser ac yn ôl pa wasanaeth sydd ar gael yn lleol ac efallai y bydd yn rhaid talu amdanyn nhw. Dyna rai o'r posibiliadau:

- rhywun i ddod i'r cartref at y person er mwyn rhyddhau'r gofalwr i allu mynd allan am ychydig o oriau, am noson, neu am benwythnos
- gofalwyr sy'n cael eu cyflogi neu wirfoddolwyr i fynd â'r sawl sydd â dementia allan am dro
- gofal dydd sy'n cael ei ddarparu gan y

gwasanaethau cymdeithasol neu gan fudiad gwirfoddol fel yr Alzheimer's Society neu Age Cymru, yn ôl yr hyn sydd ar gael yn lleol. Dylai'r un sydd â dementia allu mynd ar nifer penodol o ddyddiau'r wythnos. Trefnir y cludiant fel rheol gan yr asiantaeth sy'n rhedeg y ganolfan ddydd

- gofal preswyl dros dro am benwythnos neu wythnos neu ragor er mwyn i'r gofalwr allu mynd ar wyliau neu gael amser ar ei ben ei hun gartref. Gall y gwasanaethau cymdeithasol, y sector preifat neu'r sector gwirfoddol ddarparu hyn. Bydd y ddarpariaeth yn ddibynnol ar yr hyn sydd ar gael yn lleol

- gofal preswyl neu nyrsio parhaol: gall gweithiwr cymdeithasol helpu i drefnu hyn os bydd y gofynion yn ateb y meini prawf ar gyfer gofal preswyl. Mae edrych ar nifer o gartrefi gwahanol yn syniad da. Bydd y dewis yn dibynnu ar asesiad anghenion y person, pa mor addas fydd y cartref ar gyfer diwallu'r anghenion hynny, a chost y gofal a gynigir.

Gweithwyr proffesiynol sy'n ymwneud â gofal dementia

- Meddygon teulu – asesu, rhoi diagnosis, gofal a chefnogaeth
- Seiciatrydd – arbenigwr ar roi diagnosis a thriniaeth

- Niwrolegydd – arbenigwr ar roi diagnosis, mathau prin o ddementia
- Therapydd galwedigaethol – cynnal annibyniaeth, cymhorthion
- Ffisiotherapydd – asesu symudedd a'i wella
- Nyrs gymunedol – gwybodaeth, cefnogaeth, cadw golwg ar gynnydd
- Nyrs Admiral – cynghori a chefnogi gofalwyr
- Gweithiwr cymdeithasol – cyngor ar fudd-daliadau, gofal seibiant, cartrefi gofal
- Seicolegydd – profion cof arbenigol, dadansoddi ymddygiad
- Therapyddion iaith a lleferydd – gwella cyfathrebu, problemau llyncu

YR ALZHEIMER'S SOCIETY

Mae'r gymdeithas hon yn cefnogi pobl sydd â phob math o ddementia a'u teuluoedd ac mae'n rhoi:

- gwybodaeth am bob math o ddementia
- cymorth ymarferol ac emosiynol trwy linellau cymorth a grwpiau cefnogi
- cyngor cyfreithiol ac ariannol
- hyfforddiant ar gyfer gofalwyr
- gwasanaethau fel gofal seibiant.

Mynd ar-lein i www.alzheimers.org.uk yw un o'r ffyrdd

rhwyddaf i gael gwybodaeth. Fodd bynnag, os oes gan yr un sydd â dementia neu'r gofalwr gwestiwn pwysig, y cyngor yw iddo ffonio llinell gymorth genedlaethol yr Alzheimer's Society ar 0300 222 1122.

Gallwch fynd ati fforwm ar-lein o'r enw Talking Point ar wefan yr Alzheimer's Society. Mae'r gwasanaeth yma ar gael 24 awr y dydd ac mae'n rhoi cyfle i chi ofyn cwestiynau, ateb ymholiadau gan bobl eraill a chymryd rhan mewn trafodaethau.

Mae ymuno â'r Alzheimer's Society a chael y cylchlythyr yn galluogi pobl i gael newyddion a chyngor ymarferol.

Sefydliadau gwirfoddol eraill

Gallwch ddod o hyd i ffynonellau gwybodaeth gwirioneddol dda gan nifer o sefydliadau lleol a chenedlaethol, sy'n cynnwys:

- Carers Wales
- Ymddiriedolaeth Gofalwyr Cymru
- Dementia UK
- Age Cymru
- Canolfan Cyngor Ar Bopeth – cyngor am ddim ar fudd-daliadau
- eich adran gwasanaethau cymdeithasol leol.

Mae eu manylion cyswllt ar ddiwedd y llyfr.

Pwyntiau allweddol

- Bydd angen gwybodaeth, cymorth ymarferol, gofal meddygol a chefnogaeth bersonol ar bobl sydd â dementia ac ar eu gofalwyr; peidiwch â gwneud y cyfan ar eich pen eich hun
- Mae gan bob gofalwr hawl i asesiad anghenion am ddim gan y gwasanaethau cymdeithasol lleol; holwch amdano
- Defnyddiwch yr Alzheimer's Society; mae yno i'ch cefnogi
- Mae cael rhywun penodol y gallwch droi ato i'ch helpu a'ch cynghori yn ddefnyddiol

6
Byw gyda dementia

Mae'r bennod hon yn cynnwys cynghorion i bobl sydd â dementia a'u gofalwyr.

CYNGHORION I'R UN SYDD Â DEMENTIA

Dros y deng mlynedd diwethaf, mae rhagor o bobl wedi cael eu diagnosis yn gynharach. Oherwydd hyn mae hi wedi bod yn bosibl siarad â phobl yn ystod cyfnod cynnar eu cyflwr a dysgu ganddyn nhw amdano.

Y gred tan yn gymharol ddiweddar oedd na allai pobl sydd â dementia gyfrannu at ddeall eu sefyllfa anodd eu hunain. Erbyn hyn rydym wedi dysgu ganddyn nhw am yr ystod eang o brofiadau emosiynol y byddan nhw'n eu profi.

Maen nhw'n gallu bod yn ddig: 'Pam fi?' Yn ofnus: 'Sut fydda i'n dygymod?' Yn drist ac yn benisel: 'Sut fydd fy nheulu'n dygymod?' Maen nhw'n gallu teimlo'n unig: 'Be 'di gwerth byw fel hyn?' Efallai y byddan nhw'n teimlo'n hollol ar eu pen eu hunain.

Awgrymiadau cyffredinol

Dyma ychydig awgrymiadau gan rai sydd â dementia i'r bobl â'r cyflwr eu hunain. Os nad yw eich cof gystal ag yr arferai fod efallai y byddai hi'n ddefnyddiol:

- cadw dyddiadur
- gosod bwrdd gwyn yn eich cegin ac arno eich amserlen ar gyfer yr wythnos a nodiadau i'ch atgoffa o'r hyn y mae angen i chi ei wneud
- rhoi labeli ar ddrysau a droriau i'ch atgoffa ble mae popeth yn cael ei gadw
- cadw rhestr o rifau ffôn ac enwau yn ymyl y ffôn
- cael papur newydd wedi'i ddanfon i'r tŷ bob dydd; bydd hwn yn eich atgoffa o'r dyddiad ac mae darllen yn cadw'r ymennydd ar waith
- ewch i'r arfer o gadw pethau fel allweddi yn yr un lle bob amser, i'w gwneud hi'n haws dod o hyd iddyn nhw
- dywedwch wrth eich teulu nad ydy o bwys gennych chi os ydyn nhw'n eich atgoffa o'r pethau pwysig mae angen i chi eu cofio
- gwyliwch rhag ofn i chi ddechrau teimlo'n isel. Siaradwch â'ch teulu a'ch ffrindiau a cheisiwch gadw'ch hun mor weithgar â phosibl. Daliwch ati gyda'ch diddordebau a chadwch gysylltiad â'ch ffrindiau. Peidiwch ag ofni gofyn am gymorth. Bydd ymuno â grŵp o bobl eraill sydd â dementia fod yn ddefnyddiol – gall yr Alzheimer's Society eich helpu i wneud hyn. Gall rhannu teimladau a syniadau â phobl eraill sydd â dementia fod

yn fuddiol iawn. Efallai y byddwch yn dymuno cyfrannu at waith yr Alzheimer's Society eich hun.

Yn y gwaith

Os ydych wedi cael diagnosis o ddementia a chithau'n dal i weithio, mae'n debyg y byddwch chi'n teimlo y dylech ymddiswyddo, oni bai eich bod chi'n hunangyflogedig. Gallwch chi neu'ch cyflogwr gytuno ei bod hi'n rhesymol eich bod yn parhau i weithio. Efallai y byddwch chi'n cael eich siomi ar yr ochr orau gan pa mor feddylgar fydd pobl, yn enwedig os byddan nhw'n cael gwybod am y sefyllfa'n fuan ar ôl y diagnosis.

Efallai y bydd hi'n bosibl i chi weithio oriau byrrach neu ddal ati i weithio, ond mewn rôl wahanol. Dylech sicrhau bod pobl yn gallu dweud wrthych chi os byddan nhw'n gweld nad ydych chi'n ymdopi a dylech deimlo'n rhydd i ofyn am gefnogaeth pan fydd ei hangen arnoch.

Pan fyddwch chi'n peidio â gweithio gofalwch eich bod yn cael eich hawliau pensiwn llawn. Byddai'n syniad da hefyd petaech yn holi am fudd-daliadau y gallwch chi fod yn gymwys i'w hawlio mor fuan â phosibl, tra ydych chi'n gallu'u deall. Os oes adran adnoddau dynol yn eich gweithle bydd rhywun yno i'ch helpu chi. Os nad yw hyn ar gael ewch at y ganolfan Cyngor Ar Bopeth.

Sicrhewch eich bod wedi trefnu atwrneiaeth arhosol i ddelio â'ch materion os neu pan fyddwch chi'n methu gwneud hynny drosoch chi eich hun (gweler isod). Pan fyddwch chi'n rhoi'r gorau i'ch gwaith, ceisiwch gadw'ch hun yn brysur. Mae bod yn brysur a dal ati i gymryd diddordeb mewn pethau yn bwysig.

Gyrru

Mae dementia'n gallu effeithio ar allu pobl i yrru car yn ddiogel. Efallai y byddan nhw'n teimlo'u bod nhw'n gallu mynd a dod ar hyd y ffyrdd maen nhw'n gyfarwydd â nhw yn ddidramgwydd. Ond mewn sefyllfa beryglus, efallai na fyddan nhw'n gallu ymateb mor gyflym i osgoi damwain ag y gall pobl heb ddementia.

Nid oes neb yn cael ei atal ar unwaith rhag gyrru ar ôl cael diagnosis o ddementia. Mae'n rhaid i'r person ddweud ei fod wedi cael diagnosis o ddementia wrth yr Asiantaeth Trwyddedu Gyrwyr a Cherbydau (DVLA: *Driver and Vehicle Licensing Agency*) ac wrth y cwmni yswiriant.

Cynghorir i'r person beidio â gyrru pan fydd yn disgwyl am ddyfarniad y DVLA. Gall y DVLA wneud cais am adroddiad meddygol a gadael i'r person ddal ati i yrru neu gynnig prawf gyrru arall iddo. Bydd hwn yn cynnwys profion yn y swyddfa yn ogystal â phrawf ar y ffordd gydag arholwr profiadol.

Weithiau bydd y DVLA yn atal y drwydded. Ni chewch chi ddal trwydded Cerbydau Nwyddau Mawr (LGV: *Large Goods Vehicle*) na thrwydded Cerbyd Cludo Teithwyr (PCV: *Passenger Carrying Vehicle*) os oes dementia arnoch. Mae'n bwysig bod yn onest ac agored gyda'r DVLA a gyda'ch cwmni yswiriant.

Mae'n siŵr ei bod hi'n fwy diogel defnyddio tacsi neu gludiant cyhoeddus, neu gerdded.

Mae'n gyfrifoldeb ar bawb i geisio peidio ag achosi niwed, nid yn unig iddyn nhw'u hunain ond i'r cyhoedd yn gyffredinol. Mae'r gallu i yrru'n dirywio pan fydd pobl yn eu 70au a'u 80au, beth bynnag, ac mae hynny'n fwy gwir fyth yn achos pobl â dementia. Y cyngor doethaf yw peidio ag ystyried gyrru ar ôl i chi gael diagnosis pendant o ddementia.

MATERION ARIANNOL

Cyngor cyffredinol

Mae'n bosibl y bydd angen i chi weld cyfreithiwr ynglŷn â rhai o'r materion a fydd yn cael eu trafod yn yr adran hon. I hwyluso'r broses o dalu biliau a gwneud pethau mor hawdd â phosibl, trefnwch eich bod yn talu'ch biliau'n uniongyrchol o'r banc drwy archebion sefydlog. Efallai y bydd cael cyfrif ar y cyd gyda phartner yn ei gwneud hi'n haws reoli arian o ddydd i ddydd.

Sicrhewch eich bod yn cael pob budd-dâl yr ydych chi'n gymwys i'w gael. Cewch wybodaeth am hyn trwy linell gymorth yr Alzheimer's Society (gweler Pennod 10, Gwybodaeth ddefnyddiol).

Gwneud ewyllys

Mae'r rhan fwyaf o bobl yn y Deyrnas Unedig heb wneud ewyllys. Gall marw'n ddiewyllys beri problemau i deulu'r sawl sydd wedi marw ac efallai y bydd yr asedau'n cael eu gadael i'r bobl anghywir. Mae ysgrifennu ewyllys fel rheol yn eithaf hawdd.

Mae'n debyg ei bod hi'n well cysylltu â chyfreithiwr os ydych chi eisoes wedi cael diagnosis o ddementia. Mae modd i rywun sydd â dementia ysgrifennu ewyllys ddilys os yw'r galluedd ewyllysiol (*testamentary capacity*) ganddo. Ystyr hyn yw ei fod yn:

- gwybod beth yw pwrpas yr ewyllys
- gwybod beth fydd effaith yr ewyllys (er enghraifft, rhoi arian ar ôl i chi farw i'r bobl sy'n cael eu henwi)
- adnabod y bobl all fod â hawl i'r ystad
- gwybod yn fras faint yw gwerth yr ystad.

Mae'n bwysig nad yw cyflwr meddwl yr un sy'n ysgrifennu'r ewyllys yn effeithio ar ei allu i wneud penderfyniadau rhesymol. Nid yw hyn yn golygu nad oes modd i rywun sydd â dementia ysgrifennu ewyllys. Fodd bynnag, pe byddai rhywun yn dymuno torri enw ei fab ei hun o'i ewyllys oherwydd ei fod yn credu bod ei fab yn ddieithryn, ni fyddai'r ewyllys honno'n ddilys.

Os nad ydych yn siŵr, mae'n syniad da trefnu gweld meddyg arbenigol i asesu'r person er mwyn gwybod a yw'r galluedd ganddo i wneud ewyllys. Byddai cyfreithiwr yn gallu trefnu hyn ar eich cyfer. Mae gwneud hyn yn syniad da os bydd yr ewyllys yn debygol o gorddi'r dyfroedd neu gael ei herio.

Penderfynu

Wrth i'r dementia ymgynyddu, bydd pobl yn llai abl i benderfynu drostyn nhw'u hunain. Ond, yn ystod y cyfnodau cynnar bydd nifer o bobl yn gallu penderfynu a dylanwadu ar eu bywydau a'u gofal.

Er mwyn i bobl benderfynu ynglŷn â gofal, bydd yn rhaid bod ganddyn nhw alluedd meddyliol. Mae hyn yn golygu eu bod yn gallu deall y wybodaeth a roddir iddyn nhw am fater sy'n cael ei drafod a'i chadw mewn cof, er enghraifft am driniaeth neu am symud i gartref preswyl, ac am ffyrdd eraill o ddelio â'r mater hwnnw. Hefyd eu bod yn gallu pwyso a mesur y wybodaeth hon a dweud wrth rywun beth yw eu penderfyniad.

Os nad oes galluedd meddyliol gennych, bydd y bobl sy'n gofalu amdanoch chi (meddygon, nyrsys, gweithwyr cymdeithasol ac ati) yn gorfod penderfynu ar eich rhan. Mae sawl ffordd o sicrhau bod eich dymuniadau'n cael eu parchu os na fyddwch yn gallu penderfynu ar bethau yn y dyfodol. Gorau po gyntaf y byddwch yn rhoi trefn ar hyn oherwydd bydd angen i chi fod â'r galluedd i wneud hynny.

Mae modd llunio atwrneiaeth arhosol (LPA: *Lasting Power of Attorney*) (atwrneiaeth barhaol yn yr Alban). Mae dau fath o atwrneiaeth arhosol:

1. Atwrneiaeth arhosol ar gyfer iechyd a lles. Gallwch enwebu rhywun rydych chi'n ymddiried ynddo i benderfynu ynglŷn â'ch materion iechyd a gofal pan na fyddwch chi'n gallu gwneud hynny drosoch eich hun.
2. Atwrneiaeth arhosol ar gyfer cyllid ac eiddo. Gallwch enwebu rhywun i benderfynu ynglŷn â'ch materion ariannol.

Bydd gan yr un rydych chi'n ei ddewis i fod yn atwrnai i chi gryn dipyn o rym ac awdurdod, felly mae'n bwysig eich bod yn dewis rhywun rydych chi'n ei adnabod yn dda ac yn gallu ymddiried ynddo. Mae'n rhaid i'r atwrnai rydych chi wedi'i ddewis ystyried eich dymuniadau a gweithredu er eich lles pennaf chi bob amser.

Mae'n rhaid i chi fod â'r galluedd i wneud hynny cyn y cewch chi gwblhau LPA. Mae'r ffurflenni'n weddol syml ac yn cynnwys asesiad o'ch galluedd pan fyddwch yn arwyddo'r ffurflenni. Nid oes rhaid i weithiwr proffesiynol arwyddo'r adran hon, ond os ydych chi wedi cael diagnosis o ddementia, mae'n bur debyg ei bod hi'n syniad da gofyn i feddyg arwyddo adran galluedd meddyliol y ffurflen.

Nid oes rhaid i chi fynd at gyfreithiwr i lenwi ffurflenni LPA – maen nhw ar gael gan Swyddfa'r Gwarcheidwad Cyhoeddus. Mae'n rhaid talu (£82 ar hyn o bryd) i gofrestru'r rhain, ond maen nhw'n gallu arbed costau a phoen meddwl sylweddol yn nes ymlaen.

Cewch ddewis mwy nag un atwrnai a gall yr atwrnai lles a'r atwrnai cyllid fod yn bobl wahanol. Pan fyddwch chi'n cwblhau'r ffurflenni gallwch ddatgan yr hyn y byddech chi'n dymuno iddo ddigwydd (neu beidio â digwydd). Pan fyddwch chi'n llenwi'r ffurflenni bydd angen i rywun annibynnol arwyddo'r cais i dystio i'ch galluedd a'ch bod yn llenwi'r ffurflen o'ch gwirfodd. Gallai hwn fod yn rhywun sy'n eich adnabod chi'n dda neu'n weithiwr proffesiynol – meddyg, er enghraifft.

Atwrneiaeth arhosol yw'r ffordd orau o sicrhau y gellir penderfynu ar eich rhan. Mae'n galluogi rhywun rydych chi'n ymddiried ynddo i ofalu am eich arian a/neu i gadw golwg ar eich gofal personol a chymdeithasol pe baech chi'n methu gwneud hynny eich hun.

Os nad oes galluedd gennych, mae angen i bobl sy'n gweithredu ar eich rhan benderfynu beth sydd orau er eich lles chi. Os nad ydych wedi dewis atwrnai lles, dylid cysylltu â pherthynas ynglŷn â phenderfyniadau mawr ynglŷn â'ch gofal (er enghraifft, mynd i gartref nyrsio), ond ni fydd ei farn yntau'n rhwymol (*binding*) heb atwrneiaeth arhosol.

Os nad oes neb ar gael i wneud hyn i chi bydd eich gweithiwr cymdeithasol yn trefnu i chi gael eiriolwr annibynnol o ran galluedd meddyliol (IMCA: *Independent Mental Capacity Advocate*).

Mae IMCA yna i helpu os bydd angen gwneud penderfyniad mawr ar eich rhan, fel symud i gartref gofal preswyl. Mae hwn yn berson annibynnol sydd wedi'i hyfforddi fel IMCA a bydd ganddo gefndir a phrofiad perthnasol. Ei waith yw cynnal anghenion yr un sydd â dementia a'i gynrychioli a gwneud ei orau i sicrhau y bydd y penderfyniad cywir yn cael ei wneud ar ei ran.

Penderfyniadau ymlaen llaw ynglŷn â thriniaethau

Gall penderfyniad ymlaen llaw eich galluogi i ddatgan pa driniaethau na fyddwch chi'n dymuno'u cael yn y dyfodol os byddwch chi'n colli'ch galluedd meddyliol. Mae hefyd yn eich galluogi i fynegi eich barn ar faterion fel sancteiddrwydd bywyd. Cewch benderfynu ym mhle yr hoffech chi farw, ai mewn ysbyty neu yn eich cartref, ac a fyddech chi'n dymuno i'r meddygon geisio ailddechrau'ch calon os bydd hi'n peidio â churo.

Pan fyddwch chi wedi ysgrifennu penderfyniad ymlaen llaw, mae'n rhaid i feddygon ddilyn eich dymuniadau os ydych yn gwrthod triniaeth neilltuol, ond ni allwch chi fynnu eu bod yn eich trin os bydd hynny yn groes i'w barn broffesiynol nhw. Er enghraifft, cewch ofyn i feddygon beidio â rhoi gwrthfiotig i chi ar gyfer haint ar eich brest ond ni chewch ofyn iddyn nhw eich helpu i farw'n gynt drwy roi morffin i chi.

Mae ffurflen addas ar gael gan yr Alzheimer's Society ar gyfer llunio penderfyniad ymlaen llaw. Rhowch gopi ohoni i'ch meddyg ac i'ch teulu agos, eich ffrindiau neu'ch perthynas agosaf – mae hyn yn bwysig.

Y Llys Gwarchod a dirprwyaeth

Mewn achosion pan na fydd person wedi penodi atwrneiaeth cyllid ac eiddo, gall yr awdurdod lleol wneud cais am ddirprwyaeth (*deputyship*). Mae hyn yn golygu y bydd yr awdurdod lleol yn talu biliau'r unigolyn ac yn gofalu am ei arian. Os oes ganddo asedau sylweddol (er enghraifft, eiddo) disgwylir i'r Llys Gwarchod benodi dirprwy a fydd yn gallu gweinyddu ei faterion ariannol. Gallai hwn fod yn berthynas, yn gyfreithiwr neu'n gyfrifydd. Gall y teulu neu'r gweithiwr cymdeithasol wneud cais am hyn a bydd angen i feddyg wneud datganiad yn nodi nad yw'r galluedd gan y person i ofalu am ei arian ei hun.

Pan na fydd atwrnai lles wedi'i benodi, gellir gofyn i'r Llys farnu pan fydd y penderfyniadau'n rhai cymhleth, er enghraifft atal triniaeth neu symud oddi cartref.

Mae rhagor o wybodaeth ar gael ar wefan Swyddfa'r Gwarcheidwad Cyhoeddus (www.gov.uk a chwiliwch am 'Swyddfa'r Gwarcheidwad Cyhoeddus').

Penderfyniadau lles pennaf

Pan na fydd gan rywun y galluedd i wneud penderfyniad drosto'i hun, bydd y bobl sy'n gofalu amdano'n gorfod penderfynu er ei les pennaf. Mae pawb sy'n gyfrifol am les y person yn gwneud y penderfyniadau hyn – meddyg yn penderfynu ynglŷn â meddyginiaethau, gweithiwr gofal yn penderfynu ynglŷn â rhoi bath i rywun, a gweithiwr cymdeithasol yn penderfynu ynglŷn â rhoi rhywun mewn cartref gofal.

Mae'r penderfyniadau'n amrywio o ran cymhlethdod ac effaith. Fel rheol, po fwyaf yw effaith y penderfyniad, mwyaf y bydd nifer y bobl a fydd yn rhan o'r broses benderfynu. Pan fydd gweithiwr gofal yn penderfynu bod eisiau torri ewinedd sy'n rhy hir, ni fydd angen trafodaeth fawr ar hyn. Ond dylai penderfyniad ynglŷn â symud rhywun o'i gartref i gartref gofal gynnwys perthnasau (neu IMCA), y gweithiwr cymdeithasol, a'r gweithwyr proffesiynol sy'n ymwneud â'r gofal – er enghraifft, y therapydd galwedigaethol, y meddyg teulu neu'r seiciatrydd. Dylai'r rhai sy'n penderfynu ymgynghori â'r person ei hun hefyd, hyd yn oed os nad yw'r galluedd ganddo, a rhaid iddyn nhw adolygu unrhyw benderfyniad ymlaen llaw. Weithiau, bydd gofyn i'r Llys Gwarchod benderfynu os yw'r penderfyniad yn un mawr.

CYNGHORION I'R GOFALWR

Mae Lisa, sy'n gofalu am ei gŵr yn dweud y cyfan:

> Mi sylwais i ar yr arwyddion cyntaf o ddementia yn fy ngŵr rai blynyddoedd yn ôl. Ond yr anhawster wedyn oedd cael y gweithwyr proffesiynol i *wrando* arna i. Roedd o'n edrych mor dda, welwch chi, ac wedi dod yn hen law ar daflu llwch i lygaid y bobl yma. Dwi'n gwybod bod ansawdd fy mywyd i fy hun yn bwysig i mi ac mae hyn, wrth gwrs, yn annatod ag un fy ngŵr. Dwi'n ei chael hi'n ofnadwy o anodd bod yn

amyneddgar ac annwyl pan fydda i wedi ymlâdd, yn teimlo'n isel ac yn lluddedig yn emosiynol. Mae dal fy nhafod a pheidio ateb yn ôl yn dipyn o her pan fydd o'n gweiddi'n gas arna i ac yn fy nghyhuddo o wneud pethau na fyddwn i byth yn breuddwydio'u gwneud. Dwi'n hynod o lwcus ei fod o'n cael gofal seibiant bob chwe wythnos am wythnos neu bythefnos. Mae hyn yn rhoi cyfle i mi gysgu, ymlacio a gwneud y pethau hynny na fedra i eu gwneud fel arfer oherwydd cyflwr fy ngŵr. Mae o wedi newid o fod yn ddyn hyderus, abl a hwyliog i fod yn ddyn nerfus, ofnus a blin. Dydy o ddim yn darllen mwyach, nac yn mwynhau'r teledu na chymdeithasu. Prin y bydd o'n gadael i mi fynd o'i olwg.

Mae bywyd gofalwr yn gallu bod yn lladdfa. Mae hi'n fwyfwy anodd i bobl sydd â dementia wneud y pethau bach bob dydd heb gymorth eu gofalwyr. Mae'r byd i gyd fel petai'n arafu oherwydd ei bod hi'n cymryd oes i wneud popeth.

Efallai na fydd pobl sydd â dementia'n dymuno i neb arall eu helpu gydag ambell beth mwy personol ac o'r herwydd byddan nhw'n mynd yn anodd eu trin. Mae hyn yn aml yn digwydd oherwydd eu bod yn methu dweud wrth eu gofalwyr pam maen nhw'n teimlo fel hyn. Weithiau mae eu hymddygiad yn codi cywilydd ar y sawl sy'n gofalu amdanyn nhw a bydd hyn yn arwain at beidio â mynd allan neu beidio â gwahodd ffrindiau i'r cartref. Mae hyn yn ei dro yn gallu gwneud i'r gofalwr deimlo'n unig ac ynysig. Efallai na fydd yr un sydd â dementia yn cysgu'n dda a bydd yn drysu rhwng dydd a nos. O ganlyniad, mae'r gofalwr yn teimlo'n flinedig iawn. Bydd yn teimlo'n drist iawn oherwydd ei fod wedi colli'r un roedd unwaith yn ei adnabod mor dda.

Gall yr holl emosiynau hyn wneud i ofalwyr deimlo'n isel eu hysbryd, yn ddig ac yn flin. O ganlyniad, byddan nhw'n ymateb yn ddiamynedd ac yn ymosodol tuag at yr un y maen nhw'n gofalu amdano. Bydd hyn yn gwneud i'r gofalwyr deimlo'n euog, yn enwedig os byddan nhw weithiau'n teimlo fel rhoi'r sawl sydd â dementia mewn cartref gofal oherwydd eu bod yn methu ymdopi â'r sefyllfa. Efallai byddan nhw hefyd yn poeni am y sefyllfa ariannol sydd ynghlwm â gofalu am rywun ag afiechyd cronig.

Mae'r teimladau hyn i gyd yn sicr o godi i raddau mwy neu lai ond gall cymorth, cyngor, gwybodaeth a chefnogaeth briodol eu lleihau'n sylweddol. Mae byw gyda rhywun sydd â dementia a gofalu amdano yn heriol.

Dyma ychydig o ganllawiau a chynghorion cyffredinol i ofalwyr sydd wedi bod o fudd i ofalwyr eraill.

Cynghorion ynglŷn â delio â mynd i'r toiled a gwlychu a baeddu

Gall pobl sydd â dementia golli'r gallu i wybod pan fydd hi'n bryd iddyn nhw fynd i'r toiled, ble mae'r toiled neu beth ddylen nhw ei wneud yno. Mae'r argymhellion hyn wedi bod yn ddefnyddiol i ofalwyr:

- Atgoffwch y person i fynd i'r toiled ar adegau rheolaidd a phob tro cyn amser gwely neu cyn mynd allan.
- Gofalwch ei bod hi'n hawdd dod o hyd i'r toiled, ei fod yn ddigon golau a chynnes, a gadewch y drws ar agor.

- Gofalwch fod y dillad am ran isa'r corff yn hawdd eu tynnu oddi amdano.
- Cyfyngwch ar ddiodydd cyn amser gwely neu cyn mynd allan.
- Rhowch botel neu gomôd wrth ymyl y gwely.
- Gofynnwch i'r meddyg teulu eich cyfeirio at ymgynghorydd gwlychu a baeddu a fydd yn gallu rhoi cyngor am badiau a gorchuddion sy'n dal dŵr ar gyfer cadeiriau a gwelyau.

Cynghorion ynglŷn â delio ag ymolchi a chael bath

Efallai y bydd yr un sydd â dementia yn anghofio bod angen ymolchi ac yn teimlo nad oes angen gwneud hynny. Dyma rai argymhellion:

- Ceisiwch sefydlu trefn reolaidd a chadwch ati.
- Gwnewch y profiad yn un hwyliog.
- Parchwch urddas y person.
- Meddyliwch am ddiogelwch.
- Os bydd hyn yn broblem gyson, gofynnwch i'r meddyg teulu eich cyfeirio at gymorth gan wasanaeth y nyrsys cymunedol.

Deall beth sy'n digwydd i'r un sy'n cael y gofal

Bydd hi'n anodd i bobl sy'n colli eu cof ddeall beth sy'n digwydd o'u cwmpas, ble maen nhw a phwy sydd yno gyda nhw. Efallai y byddan nhw'n cael anhawster mynegi eu hunain a deall beth sy'n cael ei ddweud wrthyn nhw. Byddan nhw'n rhwystredig hefyd oherwydd eu bod yn methu gwneud pethau drostyn nhw'u hunain ac felly'n gwrthod cydweithredu. Gall eu hymddygiad amrywio o'r naill ddiwrnod i'r llall ac weithiau o awr i awr yn ystod yr un diwrnod – dyma natur yr afiechyd.

Mae'n bwysig i'r gofalwr geisio deall a chofio bod y trafferthion hyn yn rhan o'r clefyd sydd ar yr ymennydd yn hytrach na beio'r un sydd â dementia.

Ceisiwch ddysgu cymaint ag y gallwch chi am ddementia a sut mae'n effeithio ar yr un rydych chi'n gofalu amdano. Yn aml bydd eich adnabyddiaeth bersonol chi ohono yn gymorth i chi ddeall pam mae'n ymddwyn mewn ffordd neilltuol, pan fydd hyn yn anodd iawn i weithwyr proffesiynol, os nad yn amhosibl weithiau.

Cadw pethau'n normal

Ceisiwch ddal ati gyda threfn arferol eich bywyd tra gallwch chi. Mae cael trefn ddyddiol yn help ond mae gofyn bod yn hyblyg. Daliwch ati i wneud y pethau hynny rydych yn mwynhau eu gwneud gyda'ch gilydd ac i ymweld â theulu a ffrindiau.

Ceisiwch ymgynghori a chynnwys y person drwy'r amser ym mhob penderfyniad, boed fach neu fawr. Bydd hyn yn cynnal ei hunanhyder gyhyd â phosibl.

Cadw annibyniaeth y person

Mae'n bwysig i bobl sydd â dementia ddal ati i wneud y tasgau maen nhw'n gallu eu gwneud. Bydd popeth yn cymryd mwy o amser ac efallai y bydd angen eu hatgoffa nhw sut mae gwneud ambell beth.

Mae symleiddio tasgau yn aml yn eu helpu, er enghraifft, gosod dillad ar y gwely mewn ffordd a fydd yn atgoffa'r person ym mha drefn y dylid eu gwisgo. Mae hyn yn rhoi cyfle iddo gadw'i hunan-barch a'i urddas.

111

Anogwch y gweithgareddau y mae wedi ymddiddori ynddyn nhw erioed ond cofiwch y gall y diddordebau hyn newid wrth i'r afiechyd ymgynyddu. Dylech fod yn ymwybodol o hyn yn gynnar yn yr afiechyd er mwyn peidio â throi'r drol.

Mae'n bwysig i'r un sydd â dementia fynd allan ar ei ben ei hun tra mae'n gallu, os bydd yn dymuno hynny. Dylech sicrhau ei fod yn cario rhyw fath o gerdyn adnabod sy'n cynnwys enw, cyfeiriad a rhif ffôn symudol ffrind neu berthynas. Efallai y byddai modd i chi drefnu gyda rhai o'r siopau lleol y bydd yn mynd iddyn nhw'n rheolaidd eu bod nhw'n rhoi iddo'r hyn y mae'n gofyn amdano a chithau wedyn yn talu amdano.

Ceisiwch osgoi gwrthdaro

Ceisiwch beidio â dadlau pan fydd y person yn gwrthod cymryd bath neu wisgo dillad glân, pan fydd yn eich cyhuddo chi neu rywun arall o ddwyn ei bres, neu pan fydd yn methu cael hyd i rywbeth. Ewch oddi yno am ennyd neu trowch y sgwrs i gyfeiriad arall a rhowch gynnig arni hi eto'n ddiweddarach.

Ceisiwch osgoi argyfyngau

Pan fyddwch chi'n trefnu mynd allan, cofiwch adael digon o amser i wneud hynny er mwyn peidio â rhuthro. Cofiwch fod llefydd a phobl anghyfarwydd yn creu llawer o ddryswch. Paratowch ar gyfer y sefyllfaoedd hyn drwy sôn amdanyn nhw lawer gwaith cyn mynd allan.

Ceisiwch ragweld beth all ddigwydd o'r hyn rydych chi wedi'i ddysgu eisoes. Chi yw'r arbenigwr, oherwydd eich bod chi'n adnabod yr un rydych chi'n gofalu amdano yn well na neb arall.

Ceisiwch gael hwyl

Nid yw bywyd yn hawdd ond os gallwch ymlacio, gorau oll. Os ydych chi'n gallu cael hwyl a chwerthin gyda'r un sydd yn eich gofal, bydd hi'n haws i'r ddau ohonoch ymdopi.

Mae cofleidio'n aml yn rhoi llawer o gysur, os bydd yr un rydych chi'n gofalu amdano yn fodlon i chi wneud hynny, wrth gwrs.

Gofalwch fod eich cartref mor ddiogel â phosibl

Mae person dryslyd yn fwy tebygol o gael damweiniau oherwydd nad yw'n rhoi digon o sylw yn sgil problemau canolbwyntio, dyna'r cwbl.

Ceisiwch ofalu nad oes rygiau neu fatiau rhydd ar lawr a bod canllawiau ar risiau ac yn yr ystafell ymolchi. Gofalwch fod sliperi'n ffitio'n iawn i leihau'r risg o gael codwm.

Diffoddwch y prif gyflenwad nwy os ydych yn mynd allan ac yn gadael y sawl sydd yn eich gofal ar ei ben ei hun. Peidiwch â gadael matshys yn y golwg.

Iechyd yn gyffredinol

Mae ymarfer corff rheolaidd, fel mynd am dro bob dydd, a deiet da yn hanfodol. Mae parhau i allu symud o gwmpas a chadw'n gorfforol iach ac yn siriol yn mynd i hwyluso pethau i chi ac i'r un sydd â dementia.

Byddwch yn arbennig o ofalus gydag unrhyw gyffuriau. Cadwch olwg arnyn nhw a cheisiwch wybod beth yw pwrpas pob un. Gofynnwch i'r meddyg os nad ydych chi'n sicr am unrhyw agwedd ar y feddyginiaeth a dywedwch os byddwch yn credu nad yw'n cael effaith. Gofynnwch a oes modd peidio â chymryd rhai ohonyn nhw – gorau po leiaf o gyffuriau sy'n cael eu cymryd.

Sicrhewch fod yr un sydd yn eich gofal yn cael archwilio'i olwg, ei glyw, ei draed a'i ddannedd yn rheolaidd. Gofynnwch am gyngor y meddyg os yw'r person yn dangos symptomau neu arwyddion o unrhyw broblemau corfforol.

Gwnewch adegau bwyd yn bleserus

Mae pawb ohonom yn mwynhau bwyta ac yfed. Ceisiwch gynnwys yr un rydych chi'n byw gydag o wrth gynllunio a pharatoi eich prydau bwyd. Rhowch ddigon o amser er mwyn i chi allu eu mwynhau gyda'ch gilydd gydag ambell wydraid o win neu gwrw, os ydych chi wedi mwynhau hyn erioed.

Mae cofio beth oedd hoff fwydydd y person yn gallu bod yn ddefnyddiol wrth gynllunio beth fyddai'n debygol o'i fwynhau fwyaf.

Mae'n bwysig ceisio annog y person i fod mor annibynnol â phosibl. Os yw hi'n anodd i'r person ddefnyddio cyllell a fforc, cynigiwch fwydydd bys a bawd yn amlach.

Cyfathrebu â rhywun sydd â dementia

Ceisiwch ddal sylw'r person cyn siarad a chofiwch siarad yn araf ac yn eglur gan ofalu eich bod ar yr un lefel ag o. Gwrandewch a sylwch arno'n ofalus. Paratowch eich hun i ailadrodd pethau lawer gwaith.

Cofiwch hefyd fod iaith eich corff yn cyfleu eich teimladau chi ac y bydd yr un sydd yn eich gofal yn sylwi ar hyn.

Ceisiwch beidio â gofyn cwestiynau y byddwch chi o'r farn na fydd y person yn gallu eu hateb neu a fydd yn anodd iddo'u hateb. Bydd hyn yn gwneud iddo deimlo'n annifyr ac i chithau deimlo'n rhwystredig iawn hefyd. Er enghraifft, os byddwch yn disgwyl hen ffrind i de, peidiwch â holi'r person faint mae'n ei gofio amdano. Tybiwch na fydd yn cofio dim amdano a siaradwch am eich ffrind yn eithaf manwl. Pan fyddwch chi'n edrych ar hen luniau gyda'ch gilydd, ceisiwch beidio â gofyn cwestiynau amdanyn nhw. Tybiwch na fydd yr un sydd yn eich gofal yn adnabod neb o'r lluniau a soniwch amdanyn nhw eich hun. Weithiau bydd hyn yn tanio rhyw atgof ac efallai y bydd y person yn gallu cyfrannu at y sgwrs.

Dweud wrth blant ac wyrion am rywun sydd â dementia
Mae'n bwysig i blant ac wyrion ddeall beth yw dementia a dysgu derbyn ei fod yn afiechyd, hefyd eu bod yn sylweddoli y gallan nhw roi llawer o bleser i riant neu daid neu nain o hyd. Os yw'r plant yn yr ysgol byddan nhw'n gallu siarad â'u hathrawon a'u ffrindiau a bydd hyn yn ei gwneud hi'n haws iddyn nhw ddod â ffrindiau adre heb deimlo embaras.

Cymorth i brocio'r cof
Mae ysgrifennu pethau pwysig ar galendr neu fwrdd a'i osod mewn lle sy'n cael ei ddefnyddio'n aml yn help mawr ac yn ddefnyddiol i gofio cynlluniau'r dydd neu enwau pobl a fydd yn ymweld. Mae'n ddefnyddiol cael rhifau

ffôn ac enwau pobl y mae angen cysylltu â nhw'n aml yn ymyl y ffôn. Mae'r canlynol hefyd yn ddefnyddiol:

- cloc â rhifau eglur ar ei wyneb
- labeli ar ddrysau
- lluniau'r teulu yma ac acw
- pan fydd teulu neu ymwelwyr yn dod, ailadrodd eu henwau a dweud pwy ydyn nhw'n aml.

Cyfathrebu â'r meddyg

Mae cael perthynas dda a chadarnhaol gyda'r meddyg ac aelodau o'r tîm iechyd meddwl yn gallu gwneud gwahaniaeth mawr i'ch barn chi am y gefnogaeth rydych chi a'r un rydych chi'n gofalu amdano yn ei chael. Bydd hyn yn golygu penderfynu'r ffordd orau i gyrraedd y nod. Mae'n werth y drafferth ceisio cael rhywun penodol y gallwch chi siarad yn rhwydd ag ef neu hi yn y feddygfa, yn y tîm iechyd meddwl, neu yn eich cangen leol o'r Alzheimer's Society. Bydd hyn yn ddefnyddiol iawn pan fydd problemau a chwestiynau'n codi oherwydd y bydd yn eich adnabod chi a'r un sydd â'r dementia yn dda. Cadwch fanylion hwn neu hon gerllaw.

Mae hi'n bwysig mynd at y meddyg yn rheolaidd. Nid oes rhaid i hynny fod yn aml. Bydd gwneud apwyntiad at y tro nesaf ar ôl pob ymweliad yn syniad da. Pan fyddwch chi'n dod i weld y meddyg, paratowch nodiadau, er enghraifft, ar iechyd y claf yn gyffredinol, unrhyw newid yn symptomau neu ymddygiad y sawl sydd yn eich gofal, sgileffeithiau meddyginiaethau, eich iechyd eich hun (gweler isod) ac unrhyw gymorth y gallai fod ei angen arnoch.

Pan fyddwch chi'n ymweld â'r meddyg, peidiwch ag ofni holi os nad ydych yn deall rhywbeth neu os byddwch yn dymuno i'r meddyg ailadrodd rhywbeth mae newydd ei ddweud. Cymerwch nodiadau o'r hyn y mae'n ei ddweud er mwyn i chi allu bwrw golwg arnyn nhw wedyn.

Gofalwch am eich iechyd corfforol a meddyliol eich hun

Mae hyn yr un mor bwysig â gofalu am iechyd yr un sydd yn eich gofal. Mae hi mor hawdd esgeuluso eich deiet eich hun ac anghofio gwneud ymarfer corff pan fyddwch chi'n brysur ac wedi ymlâdd. Mae hi hefyd yn hawdd anwybyddu eich problemau iechyd eich hun a pheidio â rhoi amser i fynd at y meddyg os bydd angen i chi wneud hynny (gweler Pennod 5).

Pwyntiau allweddol

- Os yw dementia arnoch, arbrofwch â nifer o ffyrdd gwahanol o brocio'r cof; efallai y byddwch yn dod o hyd i un a fydd yn gweddu i chi ac a fydd yn gymorth i chi orchfygu effeithiau'r clefyd
- Os ydych chi'n gofalu am rywun sydd â dementia, sicrhewch eich bod yn gofalu am eich iechyd a'ch anghenion eich hun
- Mae llawer o ffynonellau cymorth a chefnogaeth ar gael – defnyddiwch nhw
- Mae modd i bobl sydd â dementia gael ansawdd bywyd da

7
Rhagolygon

Mae cynnydd yn nifer y bobl sydd â dementia. Ar hyn o bryd mae rhyw ffurf ar ddementia ar tua 850,000 o bobl yn y Deyrnas Unedig a bydd hyn yn codi i tua 1 filiwn erbyn 2025. Y prif reswm am y cynnydd yw bod mwy o bobl yn byw yn hŷn ac mae'r bobl a anwyd yn ystod y blynyddoedd ffyniannus ar ôl yr Ail Ryfel Byd yn dod i oed pan fydd hi'n debygol y byddan nhw'n datblygu dementia. Amcangyfrifwyd ei bod hi wedi costio £23 biliwn yn y Deyrnas Unedig i gynnal gofal dementia yn 2012. Roedd y rhan fwyaf o'r gost yma'n cynnwys y gost anffurfiol (rhad ac am ddim) am ofal a llety.

Er gwaethaf hyn, cymharol brin yw'r ymchwil i ddementia. Am bob punt sy'n cael ei gwario ar ymchwil canser, dim ond wyth geiniog sy'n cael eu gwario ar ymchwil i ddementia.

DIAGNOSIS GWELL
Mae canran uchel o bobl sydd â dementia cynnar nad ydyn nhw'n gweld meddyg nes bod y cyflwr wedi bod arnyn nhw am beth amser, am flynyddoedd yn aml yn

hytrach na misoedd. Mae rhai nad ydyn nhw byth yn cael diagnosis. Rhaid i hyn newid ac nid all y newid ddigwydd nes bydd mwy o ymwybyddiaeth gyhoeddus a lleihad yn y stigma a gysylltir â'r diagnosis.

Pan fydd meddygon yn asesu pobl sy'n dod atyn nhw ag arwyddion cynnar o'r cyflwr, bydd cywirdeb y diagnosis yn dibynnu i raddau helaeth ar yr hanes a roddir gan y person a'i deulu neu ei ffrindiau. Mae sganiau'r ymennydd, profion cof, mesur tonfeddi'r ymennydd a phrofion eraill yn gymorth i roi diagnosis ond nid oes prawf terfynol ar gael ar gyfer dementia ac nid oes dim a all guro hanes clinigol da.

Yng nghyfnod cynnar dementia, mae hi bron â bod yn amhosibl dweud yn bendant ai dementia sydd ar rywun ai peidio, ai mân broblemau cofio ydyn nhw sy'n gyffredin i bawb wrth heneiddio. Mae hi'n bwysig datblygu profion sy'n fwy cywir, yn enwedig os byddan nhw'n gallu rhoi diagnosis o ddementia yn gynnar iawn. Byddai cael diagnosis cywirach a chynt yn golygu y bydd pobl yn cael triniaethau'n gynt, yn rhoi cyfle i bobl fyw bywydau llawnach o well ansawdd. Mae sganiau PET amyloid yn addawol ond mae angen iddyn nhw fod ar gael i lawer mwy o bobl.

Mae gan rai pobl ddementia y gellir ei wella oherwydd mae ganddyn nhw gyflyrau y gellir eu trin, fel chwarren thyroid danweithredol neu ddiffyg fitamin penodol. Er bod hyn yn beth cymharol brin, mae'n bwysig bod meddygon yn sylweddoli pryd y bydd modd trin dementia, er mwyn trin yr hyn sy'n ei achosi. Ar hyn o bryd nid yw tua thraean y bobl sydd â dementia yn cael diagnosis priodol ac mae'r achosion hyn y gellir eu trin yn cael eu colli. Dylai pawb sy'n datblygu problemau cofio neu broblemau meddwl fynd at feddyg er mwyn gweld a yw'r cyflwr yn un y mae modd ei wella.

Ar hyn o bryd mae meddygon yn gallu dweud yn hyderus tua 80 y cant o'r amser pa fath o ddementia (er enghraifft, dementia fasgwlar neu glefyd Alzheimer) sydd ar berson a bydd hynny'n seiliedig ar hanes y claf ac ar sganiau'r ymennydd. Wrth i driniaethau gwell ddod i law ar gyfer trin y mathau gwahanol o ddementia, bydd hi'n bwysig iawn gallu nodi'r math o ddementia sydd ar rywun. Bydd angen felly cael profion gwell i wybod beth sy'n ei achosi. Mae datblygiadau newydd ac addawol yn yr arfaeth i helpu i roi diagnosis. Mae gwyddonwyr yn edrych i weld a yw profion gwaed neu brofion ar yr hylif o gwmpas yr asgwrn cefn yn help i roi diagnosis o glefyd Alzheimer.

SAFONAU GOFAL GWELL

Mae'r rhan fwyaf o bobl sydd â dementia yn cael gofal yn eu cartref ond mae rhyw draean ohonyn nhw'n cael gofal mewn cartrefi preswyl. Os ydyn nhw'n byw yn eu cartrefi eu hunain, mae safon y gofal yn amrywiol. Mae hyn yn dibynnu ar nifer o ffactorau ond yn arbennig, faint mae'r gofalwyr yn ei wybod am y cyflwr a'i ddatblygiad. Gall yr amgylchiadau amrywio hefyd a bod yn ddibynnol ar lefel y cymorth a'r gefnogaeth a geir gan berthnasau eraill, gweithwyr proffesiynol a'r awdurdod lleol.

Mae'r cymorth a'r gefnogaeth broffesiynol gan awdurdodau lleol yn anghyson iawn ar hyn o bryd. Nid

yw gofalwyr yn cael y wybodaeth briodol ac mae angen

i hyn newid er mwyn i bob gofalwr gael y wybodaeth angenrheidiol o'r ffynonellau rydym wedi sôn amdanyn nhw eisoes, a hynny'n ddidrafferth.

Bydd angen gofal mewn cartrefi preswyl maes o law ar lawer o bobl sydd â dementia. Eto, mae ansawdd cartrefi o'r fath yn amrywiol iawn ac mewn rhai llefydd yn echrydus o wael. Mae'n hanfodol bod gofalwyr unigolion sydd â dementia yn cael eu hyfforddi'n iawn. Dylai'r gymdeithas eu gwerthfawrogi a'u gwobrwyo'n ddigonol er mwyn iddyn nhw deimlo mai dyma fydd llwybr eu gyrfa. Mae angen codi safonau gofal a chefnogaeth ar gyfer pobl sy'n byw yn eu cartrefi eu hunain ac mewn cartrefi gofal – mae Arolygiaeth Gofal Cymru yn gweithio tuag at hyn.

Yn y dyfodol, mae'n debyg y bydd llawer mwy o ymdrech yn cael ei wneud i gynnwys pobl sydd â dementia yn y broses o benderfynu ynglŷn â'u gofal. Tan yn ddiweddar iawn nid oedd neb, yn cynnwys y gweithwyr proffesiynol a'r perthnasau, yn ystyried y byddai unrhyw fudd mewn ceisio darganfod beth fyddai'r bobl eu hunain yn hoffi ei weld yn digwydd. O ganlyniad ni ofynnwyd iddyn nhw.

Ar ôl cael diagnosis cynnar, mae llawer o bobl sydd â dementia'n gallu bod yn rhan o'r penderfynu. Mae Deddf Galluedd Meddyliol 2005 yn ei gwneud hi'n orfodol i ofalwyr a gweithwyr proffesiynol ymgynghori â phobl sydd â dementia cyn penderfynu ar ystod eang o sefyllfaoedd.

TRINIAETHAU A GWELLHAD

Hyd yn hyn nid yw ymchwil dementia wedi cael blaenoriaeth ond mae newid ar waith. Nid yw gwyddonwyr ychwaith wedi darganfod yn union beth sy'n achosi'r nifer mawr o fathau gwahanol o ddementia ac mae'n anodd gwybod yn union beth allai fod yn driniaeth ddefnyddiol.

Bron bob wythnos mae hanes yn y wasg am ryw 'wellhad gwyrthiol'. Mae'r straeon hyn yn gamarweiniol, bron yn ddi-ffael. Er bod ymchwil ar waith i nifer o driniaethau, bwriad y rhain gan fwyaf yw lliniaru symptomau dementia. Yn anffodus, nid yw'r rhan fwyaf o'r triniaethau newydd addawol sy'n cael eu datblygu yn effeithiol ac rydym ymhell o ddarganfod triniaeth a fydd yn gwella dementia.

Mae'r rhan fwyaf o'r ymchwil ar hyn o bryd i glefyd Alzheimer. Wrth i wyddonwyr ddeall yn well sut mae clefyd Alzheimer yn datblygu, maen nhw'n datblygu cyffuriau newydd sy'n gallu mynd i'r afael â'r clefyd yn ei wahanol gyfnodau.

TRINIAETH AR GYFER PROBLEMAU YMDDYGIAD

Mae datblygu cyffuriau ar gyfer problemau ymddygiad yr un mor bwysig â datblygu cyffuriau a fydd yn cynorthwyo'r cof. Dyma'r agwedd fwyaf anodd ar y cyflwr i'r sawl sydd â dementia ac i'r gofalwr.

Mae meddygon wedi dibynnu'n ormodol ar gyffuriau i reoli'r problemau hyn. Yn y dyfodol, bydd angen llawer mwy o bwyslais ar ddod i ddeall y broblem yng ngoleuni stori bywyd a phersonoliaeth yr unigolyn.

Pwyntiau allweddol

Yn y dyfodol:

- bydd cynnydd yn nifer y bobl sydd â dementia
- bydd bod yn fwy ymwybodol o'r cyflwr a lleihau'r stigma'n arwain at gael diagnosis cynharach yn amlach
- dylid cynnwys pobl sydd â dementia yn y penderfyniadau ynglŷn â'u gofal
- er nad oes rhagolygon ar hyn o bryd am wellhad, mae triniaethau a thechnegau diagnostig newydd yn cael eu datblygu

8
Cwestiynau ac atebion

Beth yw dementia?

Dementia yw'r enw cyffredinol ar sawl math o anhwylderau'r ymennydd sy'n achosi dirywiad ymgynyddol yn ei weithredoedd, er enghraifft, y cof, meddwl, iaith a phersonoliaeth.

A yw clefyd Alzheimer yn wahanol i ddementia?

Nac ydyw. Math o ddementia yw clefyd Alzheimer. Hwn yw'r ffurf fwyaf cyffredin ond mae llawer o ffurfiau eraill llai cyffredin hefyd.

Sut mae meddyg yn gwneud diagnosis o ddementia?

Nid oes prawf penodol ar gael. Meddyg teulu neu arbenigwr (seiciatrydd neu niwrolegydd) sy'n gwneud y diagnosis fel rheol a bydd yn holi'r person ac aelod agos o'r teulu neu ffrind agos am y symptomau. Bydd yr hanes, ynghyd â phrofion gwaed, profion cof a sgan o'r ymennydd efallai, yn ei gwneud hi'n bosibl rhoi diagnosis fel arfer.

Oes modd i mi gael prawf i wybod a oes dementia arnaf?

Mae'r ateb uchod yn esbonio sut mae meddygon yn gwneud diagnosis. Os ydych chi'n poeni bod dementia arnoch chi, ewch at eich meddyg i drafod eich pryderon.

Beth sy'n achosi dementia?

Niwed i nerfgelloedd yn yr ymennydd yw achos sylfaenol pob math o ddementia. Mae'r newidiadau yn yr ymennydd yn dibynnu ar y math o ddementia. Clefyd Alzheimer yw'r math mwyaf cyffredin a dementia fasgwlar yw'r ail fath mwyaf cyffredin.

Mewn clefyd Alzheimer gellir gweld diffygion nodweddiadol yn yr ymennydd, sef placiau a chlymau. Mewn dementia fasgwlar gwelir clefyd yn y pibellau gwaed a thystiolaeth o feinwe farw yn yr ymennydd o ganlyniad i fân strôc. Fodd bynnag, mae gan y rhan fwyaf o bobl sydd â chlefyd Alzheimer, rywfaint o glefyd fasgwlar hefyd. Mae dementia fasgwlar pur yn ffurf llawer llai cyffredin o ddementia.

Pam mae rhai pobl yn datblygu'r clefyd ac eraill yn ei osgoi? Gall ffurfiad genynnau (ffactor etifeddol) unigolyn ei gwneud hi'n fwy tebygol o ddatblygu clefyd Alzheimer. Prin iawn yw'r bobl hynny a fydd yn datblygu clefyd Alzheimer oherwydd genynnau'n unig.

Mae'n rhaid hefyd bod nifer o ffactorau amgylcheddol a ffordd o fyw pobl yn achosi clefyd Alzheimer ond ni lwyddwyd hyd yn hyn i brofi'n bendant pa rai ydyn nhw.

Sut fydda i'n gwybod a ydw i'n datblygu dementia?

Erbyn hyn mae'n arferol iawn i bobl feddwl bod ganddyn nhw ddementia os ydyn nhw'n anghofio rhywbeth. Oherwydd eu bod yn llawer mwy ymwybodol o ddementia, mae pobl yn sôn mwy amdano ac yn poeni yn ei gylch. Rydych chi weithiau'n clywed pobl yn dweud yn gellweirus eu bod nhw'n siŵr bod ganddyn nhw 'clefyd Alzheimer' oherwydd eu bod wedi anghofio enw rhywun, rhif ffôn neu enw'r ffilm welson nhw'n ddiweddar.

Weithiau, y sawl sy'n datblygu dementia yw'r un cyntaf i ddod yn ymwybodol o broblem gyda'r cof, ond fel arfer y bobl o'i gwmpas yw'r rhai cyntaf i sylwi. Os byddwch chi felly'n amau bod hyn yn digwydd i chi, dylech fod yn barod i holi'r bobl sy'n agos atoch chi neu sy'n gweithio gyda chi. Gofynnwch iddyn nhw ddweud wrthych chi os ydyn nhw wedi synhwyro bod gennych chi broblem gyda'ch cof.

A fydda i'n cael dementia?

Rydym yn gwybod bod y tebygrwydd o gael dementia'n cynyddu gydag oed, er nad ydym yn gwybod y rheswm am hyn. Os oes gennych berthnasau sydd wedi datblygu dementia yn bendant wrth iddyn nhw heneiddio, mae'r siawns y byddwch chi'n ei ddatblygu ychydig yn uwch os byddwch chithau hefyd yn byw nes byddwch yn hen.

Beth alla i ei wneud os caf i ddementia?

Peidiwch ag anobeithio. Ymunwch â'r Alzheimer's Society. Dysgwch bopeth posibl amdano. Chwiliwch am bobl eraill sydd â dementia i gael sgwrs â nhw. Peidiwch ag ofni dweud wrth y bobl agosaf atoch chi fod dementia arnoch chi. Gwnewch eich gorau i fyw bywyd mor normal â phosibl (am ragor o argymhellion gweler Pennod 6, Byw gyda dementia).

Sut alla i atal dementia?

Mae tystiolaeth o newidiadau yn y pibellau gwaed mewn llawer o bobl sydd â dementia. Mae ceuladau (*clots*) yn y pibellau gwaed sy'n arwain at y galon yn achosi trawiad ar y galon. Mae ceulad yn y pibellau sy'n mynd i'r ymennydd yn gallu achosi strôc. Gall strôc fawr neu nifer o rai llai arwain at ddementia.

Mae unrhyw beth sy'n atal ceuladau gwaed rhag ffurfio yn bendant yn lleihau'r risg o drawiad ar y galon neu strôc. Felly mae beth sy'n dda i'r galon hefyd yn dda i'r ymennydd. Rydym yn argymell y canlynol:

- Profwch eich clyw.
- Cadwch at ddeiet iach – isel mewn braster dirlawn.
- Peidiwch ag ysmygu.
- Yfwch alcohol yn gymedrol.
- Gofalwch eich bod yn ymarfer yn rheolaidd – eich corff a'ch meddwl.
- Peidiwch â mynd dros eich pwysau.
- Rheolwch ddiabetes os yw'r cyflwr hwn arnoch chi.
- Rheolwch bwysedd gwaed uchel.
- Cadwch eich meddwl yn brysur.

Ni allwn sicrhau na fyddwch chi'n cael dementia os byddwch chi'n dilyn yr argymhellion hyn, ond maen nhw'n dda i chi beth bynnag!

Mae'r meddyg wedi dweud bod dementia arna i. A oes modd ei wella?

Nac oes. Ar hyn o bryd nid oes modd ei wella. Os byddwch chi'n ddigon ffodus i ymateb yn dda i gyffuriau, efallai y bydd yn ymddangos eich bod wedi cael 'gwellhad' am gyfnod. Nid yw'r cyffuriau hyn, fodd bynnag, yn cael effaith ar broses yr afiechyd felly bydd y symptomau'n dychwelyd yn hwyr neu'n hwyrach. Os nad ydyn nhw'n dod yn eu holau, mae'n debygol iawn na chawsoch chi'r diagnosis cywir yn y dechrau.

A oes cyffuriau ar gael i atal y dementia rhag gwaethygu?

Oes. Mae rhai cyffuriau fel *donepezil*, *galantamine* a *rivastigmine* yn gallu cynorthwyo rhai pobl i fyw'n well o ddydd i ddydd. Nid ydyn nhw'n helpu pawb sy'n eu cymryd. Ni allwn ragfynegi hyd yn hyn pwy fydd yn ymateb yn gadarnhaol iddyn nhw.

Os bydd y cyffur yn gweithio, gall arafu'r dementia am ryw flwyddyn, ond mae'n amrywio o'r naill i'r llall. Mae'n bwysig i bobl sydd wedi ymateb yn dda i'r cyffuriau ddal ati i'w cymryd nhw. Gall unrhyw fudd gael ei golli, hyd yn oed ymhen blynyddoedd wedyn, os bydd y cyffur yn cael ei atal.

Rydw i wedi cael diagnosis o ddementia. Ga i yrru?

Efallai y cewch chi, ond bydd angen i chi (neu eich meddyg, weithiau) roi gwybod i'r DVLA ac aros am y penderfyniad oddi yno. Bydd y DVLA yn gwneud cais am adroddiad meddygol ac efallai y bydd, yn seiliedig ar yr adroddiad yma, yn adnewyddu eich trwydded am flwyddyn neu'n ei chymryd oddi arnoch. Weithiau bydd yn cynnig eich bod yn cael prawf gyrru i ailasesu'ch gallu i yrru.

Byddai'n syniad eithaf da i chi ddechrau dygymod â'r syniad na fyddwch chi'n gallu dal ati i yrru am ryw lawer eto. Da o beth fyddai i chi ddechrau dod i arfer â defnyddio cludiant cyhoeddus a thacsis neu adael i bobl eraill eich gyrru o le i le.

Ble ga i ragor o wybodaeth am ddementia?

Mae'r wybodaeth orau ar gael gan yr Alzheimer's Society. Dylai'r meddygon teulu neu'r arbenigwyr sy'n rhoi'r diagnosis i chi hefyd roi cyfeiriad, rhif ffôn a gwefan yr Alzheimer's Society i chi. Mae'r wybodaeth ar gael mewn print neu ar y rhyngrwyd ac mae llinell gymorth ar gael i bawb (gweler Pennod 10, Gwybodaeth ddefnyddiol).

A oes unrhyw dreialon cyffuriau y galla i fod yn rhan ohonyn nhw?

Dylech ofyn i'ch meddyg teulu neu i'ch arbenigwr er mwyn cael gwybod a ydy o neu unrhyw le arall cyfagos yn rhedeg unrhyw dreialon. Mae hwn yn gwestiwn y gallech ei ofyn i'r Alzheimer's Society.

Rydw i'n gofalu am fy ngŵr sydd â dementia. Pwy alla i ei ffonio pan fydda i wedi dod i ben fy nhennyn?

Rydym yn gobeithio y byddwch chi'n cael digon o gefnogaeth i sicrhau na fyddwch chi byth yn dod i ben eich tennyn. Ond efallai y bydd adegau pan fyddwch chi'n teimlo felly. Gofalwch fod gennych restr o rifau yn ymyl eich ffôn, sy'n cynnwys:

- eich meddyg teulu
- yr aelod penodol o'r tîm iechyd meddwl yn y gymuned rydych chi wedi bod yn ei weld
- ffrind o'r grŵp cefnogi rydych chi wedi gwneud trefniant gydag o ar gyfer adegau fel hyn
- llinell gymorth yr Alzheimer's Society neu Dementia UK
- cymydog neu berthynas rydych chi wedi gwneud trefniant gydag o ar gyfer adegau fel hyn.

Mae Mam yn anghofus iawn ond yn gwadu bod ganddi broblem ac yn gwrthod yn lân â mynd at y meddyg. Beth ddylwn i ei wneud?

Ceisiwch wneud apwyntiad ar eich cyfer chi'ch hun gyda meddyg teulu eich mam a dywedwch wrtho beth yw eich pryderon. Bydd meddyg teulu da yn gwrando arnoch chi ac yna'n awgrymu, mae'n debyg, eich bod chi'n dweud wrth eich mam eich bod wedi gweld y meddyg teulu ac y byddai'n hoffi dod i'w gweld i gymryd ei phwysedd gwaed a rhoi archwiliad arferol iddi hi. Mae'n bwysig eich bod chi yno pan fydd y meddyg yn ymweld.

Mae dementia ar fy nhad. Mae hi'n anodd i fy mam wneud popeth y mae'n rhaid iddi hi ei wneud. Maen nhw'n gwrthod yn lân â chael cymorth gan asiantaethau allanol. Be fedra i ei wneud?

Ceisiwch berswadio'ch mam i siarad â rhywun o'r gwasanaethau cymdeithasol. Os yw'r broblem yn ymwneud ag arian efallai y gallech chi chwilio am wybodaeth ac esbonio i'ch rhieni beth yw'r Lwfans Gweini. Mae'r Lwfans Gweini yn fudd-dal a delir i bobl 65 oed neu'n hŷn sydd ag anghenion gofal. Os oes gan eich tad hawl i'r lwfans, ceisiwch berswadio'ch rhieni i'w ddefnyddio eu hunain neu adael i chi ei ddefnyddio ar eu rhan. Efallai y bydd yn rhaid i chi dalu am hyn eich hun i ddechrau.

Efallai y byddai'n syniad da i chi dreulio ychydig o amser yn dod o hyd i rywun allai helpu gyda'r golchi, y glanhau a siopa. Ceisiwch fod yno hefyd pan fydd hwn yn dod at eich rhieni am y troeon cyntaf.

Sut mae dewis y cartref iawn ar gyfer fy mam sydd â dementia?

Bydd angen i chi drafod hyn â'ch gweithiwr cymdeithasol a fydd o bosibl yn gallu argymell cartrefi i chi. Efallai y bydd llinell gymorth yr Alzheimer's Society neu'r Elderly Accommodation Counsel yn gallu rhoi rhestr i chi (gweler Pennod 10, Gwybodaeth ddefnyddiol). Dim ond rhestr o enwau fydd y rhain, wrth gwrs.

Mae gwybodaeth am gartrefi gwahanol ac adroddiadau diweddaraf Arolygiaeth Gofal Cymru ar gael ar y we. Os na allwch fynd ar y rhyngrwyd gallwch ffonio'r

Arolygiaeth (gweler Pennod 10, Gwybodaeth ddefnyddiol) a holi am adroddiadau diweddaraf y cartrefi rydych chi'n eu hystyried. Yna bydd angen i chi ymweld â rhai o'r cartrefi rydych wedi'u dewis a gofyn cwestiynau.

Mae taflen ffeithiau dda gan yr Alzheimer's Society yn nodi'r mathau o gwestiynau y gallech eu gofyn pan fyddwch chi'n ymweld â chartref. Gallech drefnu i'ch mam dreulio diwrnod neu gyfnod seibiant yn y cartref i weld sut fydd hi'n ymateb. Gall hon fod yn broses hirfaith ond mae'n werth buddsoddi digon o amser ynddi er mwyn dod o hyd i'r lle gorau i'ch mam.

Mae dementia ar Mam ac mae hi'n byw ar ei phen ei hun. Dydy hi ddim yn gallu ymdopi. Beth sydd ar gael ar ei chyfer?

Mae pedwar prif fath o ofal ar gael.

Cartrefi gwarchod a chartrefi cymunedol â chymorth
Mewn cartrefi gwarchod (neu gartrefi cymunedol â chymorth) yn aml ceir rheolwr cynllun neu dîm lleol a fydd yn galw heibio'r preswylwyr yn rheolaidd i sicrhau eu bod nhw'n iawn. Bydd y preswylwyr hefyd yn cael system larwm i'w galluogi i alw am gymorth mewn argyfwng unrhyw adeg, ddydd a nos.

Os ydych chi'n symud i gynllun llety arbenigol bydd yn rhaid i chi dalu rhent ar eich fflat, ac weithiau bydd tâl ychwanegol am wasanaeth rheolwr y cynllun a'r cynnal a chadw cyffredinol. Os ydych chi'n gymwys i gael Budd-dal Tai gallwch ei hawlio tuag at gost eich rhent.

Cartrefi gwarchod â gofal ychwanegol

Mae cartref gofal ychwanegol yr un fath â chartref gwarchod ond mae llawer mwy o gefnogaeth ar gael ynddyn nhw. Bydd yn ofynnol i chi fod wedi cael asesiad gofal yn y gymuned gan eich cyngor lleol er mwyn i chi gael eich ystyried ar gyfer cartref gofal ychwanegol. Bydd gweithiwr cymdeithasol yn gallu edrych ar eich anghenion a'ch cynorthwyo i benderfynu ai cartref gofal ychwanegol yw'r dewis gorau ar eich cyfer chi. Bydd hyn yn seiliedig ar faint o gefnogaeth y bydd ei hangen arnoch.

Byddwch yn gallu hawlio Budd-dal Tai tuag at eich rhent ar gyfer eich fflat gofal ychwanegol os ydych chi'n gymwys. Bydd hyn yn dibynnu ar eich sefyllfa ariannol. Efallai y bydd yn rhaid i chi dalu tuag at gost y gefnogaeth y byddwch chi'n ei chael, yn union fel y byddech yn ei wneud yn eich cartref eich hun.

Cartrefi preswyl

Mae cartrefi preswyl i bobl nad oes ganddyn nhw anghenion cymhleth. Bydd y staff mewn cartrefi preswyl yn weithwyr gofal fel arfer yn hytrach nag yn nyrsys sydd wedi'u hyfforddi, ond fe ddylai'r holl sgiliau gofynnol fod ganddyn nhw i ddarparu'r gefnogaeth angenrheidiol.

Cartrefi nyrsio

Mae cartrefi nyrsio'n cynnig cefnogaeth i bobl ag anghenion mwy dwys a chymhleth. Bydd rhai o'r staff a fydd ar ddyletswydd unrhyw adeg o'r dydd yn nyrsys wedi'u hyfforddi. Bydd y rhain yn cydweithio â gweithwyr

133

gofal a fydd hefyd wedi'u hyfforddi. Mae cartrefi nyrsio'n ddrutach oherwydd eu bod nhw'n rhoi lefel uwch o gefnogaeth. Byddwch angen sicrhau eich bod yn dewis cartref i'ch mam sy'n addas i'w hanghenion hi.

Mae rhai pobl sydd â phroblemau ymddygiad dwys yn gymwys i gael gofal parhaus y Gwasanaeth Iechyd Gwladol (gweler isod).

Pwy fydd yn talu am gartref gofal Mam?

Bydd disgwyl i bawb bron sydd ag angen cefnogaeth mewn cartref gofal dalu rhywfaint tuag at gost eu llety a'u gofal personol. Bydd eu sefyllfa ariannol bersonol yn dylanwadu ar faint yn union y bydd yn rhaid iddyn nhw ei dalu. Gall eich mam fod yn gymwys i gael cefnogaeth ariannol gan y cyngor i dalu am gost y cartref gofal. Mae hyn yn dibynnu a fydd y cyngor yn cytuno bod angen gofal mor ddwys ar eich mam, ar ôl iddo asesu ei hanghenion. Bydd hefyd yn dibynnu ar asesiad o'i hamgylchiadau ariannol i benderfynu faint, os o gwbl, y dylai'r cyngor ei dalu tuag at ei gofal. Mae'r asesiad ariannol, neu'r 'prawf modd' yn seiliedig ar ganllawiau cenedlaethol ac mae'n edrych ar faint o incwm a chyfalaf (cynilion, asedau ac eiddo) sydd gan eich mam. Os oes gan eich mam dros hyn a hyn o gynilion (£50,000 yw'r swm mae'r llywodraeth wedi ei osod ar hyn o bryd) mae'n debyg y bydd yn rhaid iddi hi dalu'n llawn am y gofal y bydd hi'n ei gael tra bydd ei chynilion yn fwy na'r swm yma. Os oes ganddi hi lai na hyn o gynilion, gallai fod yn gymwys i gael cymorth ariannol.

Os mai hi ei hun yw unig berchennog eiddo y gellir ei werthu, gall y cyngor ystyried ei werth pan fydd yn amcangyfrif faint fydd angen iddi hi ei dalu am ei gofal. O dan rai amgylchiadau mae'n ddyletswydd ar y cyngor i gynnig ffordd o dalu sydd wedi'i ohirio pan fydd hi'n symud i'r cartref gofal, rhag iddi hi orfod gwerthu ei thŷ ar unwaith i dalu am y cartref gofal. Os yw eich mam yn byw gyda'ch tad a'i fod yn dymuno aros yn y tŷ, ni fydd yr asesiad ariannol yn cynnwys y tŷ ar hyn o bryd nac yn y dyfodol.

Os bydd yr asesiad yn dangos bod angen nyrsio ar eich mam, bydd rhaid cael ail asesiad gan y GIG i gadarnhau ei hanghenion nyrsio cofrestredig.

Os bydd angen gofal nyrsio arni bydd y GIG yn talu cyfradd unffurf i'r cartref nyrsio. Bydd y swm yma ar ben unrhyw arian y bydd hi neu'r awdurdod lleol yn ei dalu.

Mewn rhai achosion cymhleth a dwys iawn bydd y GIG yn talu'r costau i gyd. Byddai hyn yn berthnasol os oes angen gofal nyrsio cyson ar eich mam ac i arbenigwr mewn ysbyty gadw golwg arni'n rheolaidd oherwydd ei bod hi'n fregus iawn, yn sâl iawn yn feddyliol, neu'n ymddwyn mewn modd anodd iawn drwy'r amser.

Fi yw gofalwr fy mam. Mae dementia arni. A yw hi neu minnau'n gymwys i gael unrhyw fudd-daliadau?

Mae £66.15 yr wythnos ar gael i ofalwyr sy'n gofalu am rywun am 35 awr yr wythnos o leiaf a'i fod yn cael rhai budd-daliadau neilltuol. Nid oes yn rhaid i chi fod yn perthyn i'r un rydych chi'n gofalu amdano nac yn byw gydag ef neu hi. Gall hyn effeithio ar fudd-daliadau eraill rydych chi neu'ch mam yn eu cael, fodd bynnag. Mae'n werth cael golwg fanwl ar hyn. Ni fyddwch yn cael rhagor o dâl os ydych chi'n gofalu am fwy nag un.

Gall rhywun sydd â dementia fod â hawl i Daliad Annibyniaeth Personol neu Lwfans Gweini. Os ydych chi'n gymwys i gael Lwfans Gweini, gallech gael £58.70 neu £87.65 yr wythnos i'ch cynorthwyo â gofal personol oherwydd eich bod chi'n anabl yn gorfforol neu'n feddyliol a'ch bod chi dros oed pensiwn gwladol. Mae dau dâl ar gael a bydd y swm y byddwch chi'n ei gael yn dibynnu ar lefel y gofal sydd ei angen arnoch oherwydd eich anabledd.

Mae'r Lwfans Gweini i bobl dros oed pensiwn gwladol a'r Taliad Annibyniaeth Personol i bobl dros 16 oed ac iau nag oed pensiwn gwladol. Nid yw'r budd-daliadau hyn yn ddibynnol ar incwm na chynilion ac maen nhw'n ddi-dreth.

Mae'n bwysig i chi ofyn am gyngor ar hyn gan eich gweithiwr cymdeithasol, yr Alzheimer's Society, neu eich swyddfa Cyngor Ar Bopeth leol. Mae gan y Ganolfan Gwasanaeth Anabledd (ar www.gov.uk) hefyd linellau cymorth i bobl ag anableddau, yn cynnwys y rheini sydd â dementia, sy'n rhoi rhagor o wybodaeth am y budd-daliadau y gallai fod gennych chi hawl iddyn nhw (gweler Pennod 10, Gwybodaeth ddefnyddiol).

Gallech chi neu'ch mam fod â hawl i ostyngiad yn eich treth cyngor, neu i'ch eithrio rhag ei thalu. Holwch eich cyngor am hyn.

Mae dementia ar fy nhad ac mae'n gwneud camgymeriadau gyda'i arian. Beth ddylwn i ei wneud am hyn?

Mae'n debyg mai'r cam pwysicaf y gall eich tad (y rhoddwr) ei gymryd, os nad yw eisoes wedi gwneud hynny, fydd llunio atwrneiaeth arhosol. Gall wneud hyn os bydd ganddo'r galluedd meddyliol (gweler Pennod 6 – Byw gyda dementia).

Bydd hyn yn rhoi hawl i rywun o'i ddewis (yr atwrnai) ofalu am ei faterion ariannol pan na fydd eich tad yn gallu gwneud hynny. Cyfrifoldeb yr atwrnai yw penderfynu pa bryd y bydd eich tad yn methu gofalu am ei faterion ariannol ei hun. Os oes ganddo unrhyw amheuaeth gall ofyn am gyngor gan ei feddyg.

Mae'r ffurflenni ar gael am ddim gan Swyddfa'r Gwarcheidwad Cyhoeddus (www.gov.uk). Mae golwg eithaf cymhleth ar y ffurflenni hyn ac efallai y bydd angen cymorth arnoch chi'ch dau i'w llenwi nhw.

Byddai'n fuddiol i chi ymgynghori â chyfreithiwr, er nad yw hyn yn angenrheidiol. Mae'r sefydliad Solicitors for the Elderly yn arbenigo ar helpu pobl â phob math o gyngor cyfreithiol, yn cynnwys cymorth gyda'r atwrneiaeth arhosol. Mae'r gwasanaeth yn ddrud ond fe allai fod yn ddrutach o lawer pe na bai'n cael ei wneud yn iawn. Mae'n bwysig cwblhau atwrneiaeth arhosol cyn i'r un sydd â dementia golli ei alluedd meddyliol.

Os bydd eich tad yn dymuno llunio atwrneiaeth, bydd angen i berson annibynnol lofnodi datganiad i ddatgan bod eich tad yn deall ac yn cytuno â hyn. Gall hwn fod yn rhywun y mae eich tad wedi'i adnabod ers dros ddwy flynedd neu'n weithiwr proffesiynol, fel meddyg.

Os bydd gan hwn unrhyw amheuaeth ynglŷn â galluedd eich tad, dylech ofyn i feddyg neu seiciatrydd henoed wneud asesiad galluedd. Ystyr galluedd yn yr achos hwn yw bod eich tad yn deall beth yw pwrpas yr atwrneiaeth arhosol a'i fod yn gallu dewis rhywun y mae'n ymddiried ynddo i ofalu am ei faterion ariannol.

Mae nifer o bethau ymarferol eraill y gallwch eu gwneud os yw'ch tad yn cytuno. Gallwch drefnu gyda'r banc nad yw ond yn cael tynnu symiau bychain o arian o'r banc ar y tro a'i fod yn talu biliau a phensiynau'n uniongyrchol o'i gyfrif. Soniwch wrth berchnogion siopau lleol am ei broblem. Trwy wneud hyn rydych yn gallu sicrhau bod eich tad yn cael cadw'i annibyniaeth cyhyd â phosibl heb iddo wneud camgymeriadau drud.

Os nad yw eich tad yn gallu llunio atwrneiaeth arhosol drosto'i hun, efallai y bydd yn rhaid i chi wneud cais am ddirprwyaeth ariannol drwy'r Llys Gwarchod. Yna bydd y llys yn eich penodi chi i ofalu am ei faterion.

Rwy'n pryderu bod cymydog fy mam yn cymryd arian oddi arni hi'n rheolaidd. Mae Mam yn ddryslyd iawn nawr. Beth alla i ei wneud?

Yn ogystal â gwarchod arian eich mam, fel y soniwyd amdano yn yr ateb i'r cwestiwn blaenorol, gall hyn fod yn achos o gamfanteisio ariannol. Mae'n ddyletswydd ar y gwasanaethau cymdeithasol lleol i ymchwilio i hyn trwy drefn a elwir yn ddiogelu (*safeguarding*). Gallwch dynnu sylw at fater o ddiogelu drwy siarad â gweithiwr cymdeithasol eich mam neu ffonio'r tîm sydd ar ddyletswydd yn y gwasanaethau cymdeithasol lleol.

Trwy dynnu sylw at fater o ddiogelu gallwch fod yn siŵr y bydd rhywun yn ymchwilio iddo. Mae camfanteisio ariannol yn erbyn y gyfraith a gallai'r heddlu ymchwilio i hyn hefyd. Os ydych chi'n meddwl bod cymydog eich mam yn troseddu, mae'n well i chi alw'r heddlu ar unwaith ar 101.

A ddylwn i ddweud wrth fy ngwraig fod clefyd Alzheimer arni?

Mae hi bob amser yn help dweud wrth rywun sydd â dementia am ei ddiagnosis. Efallai y bydd y gwewyr y byddwch chi'n ei deimlo o wneud hyn yn cael ei liniaru rhyw ychydig oherwydd bod eich gwraig, mae'n fwy na thebyg, yn ymwybodol bod rhywbeth o'i le arni hi'n barod. Yn ogystal, mae rhai pobl yn teimlo rhyddhad o fod yn gallu rhoi enw ar eu problem.

Mae fy nau frawd yn gwrthod cydnabod bod dim o'i le ar gof fy ngŵr na bod dementia arno. Mae angen eu cefnogaeth arna i. Beth alla i ei wneud?

Ceisiwch drefnu i'ch brodyr dreulio amser ar eu pen eu hunain gyda'ch gŵr. Buan y sylweddolan nhw fod rhywbeth o'i le. Ceisiwch drefnu i rywun o'r tîm iechyd meddwl esbonio iddyn nhw beth sydd o'i le ar eich gŵr.

Mae dementia ar fy mam a dydy hi ddim yn siarad o gwbl erbyn hyn. Mae fel pe na bai hi'n deall unrhyw beth dwi'n ei ddweud wrthi. Ydych chi'n meddwl ei bod hi'n gallu deall rhywfaint? Sut ddylwn i gyfathrebu â hi?

Dylech dybio ei bod hi'n deall rhywfaint, o leiaf, o'r hyn rydych chi'n ei ddweud wrthi. Yn sicr bydd hi'n dal i werthfawrogi eich cwmni a'ch gofal. Gall fod yn ymwybodol o'ch teimladau tuag ati hi, boed y rheini'n rhai cariadus a chyfeillgar, neu'n rhai blin weithiau. Dylech ddal ati i siarad â hi a'i chofleidio.

Mae dementia ar fy nhad. Does gen i ddim syniad am be ddylwn i sgwrsio efo fo. Rwy'n gwybod bod yr un dwi'n ei gyflogi i fod gydag o pan fydda i'n mynd allan yn cael yr un broblem. Fedrwch chi gynnig cyngor?

Rydych chi'n adnabod eich tad yn dda iawn. Ceisiwch droi'r sgwrs at bethau rydych wedi ei glywed yn sôn amdanyn nhw lawer gwaith o'r blaen. Efallai y bydd yn rhaid i chi wrando ar yr un straeon fel tôn gron ond bydd eich tad yn teimlo'n falch ohono'i hun oherwydd ei fod yn gallu sgwrsio fel hyn. Mae pobl sydd â dementia datblygedig yn aml yn dal i gofio'u dyddiau cynnar ac mae sôn am brofiadau bore oes yn gallu bod yn fodd o ddechrau sgwrs. Byddai'n hynod ddefnyddiol i'r bobl nad ydyn nhw'n adnabod eich tad petaech chi'n gallu creu disgrifiad syml o'i fywyd o ran dyddiau ysgol, ei waith, ei briodas, ei deulu, ei ddiddordebau a'i hobïau. Dylid cynnwys rhai lluniau os bydd hyn yn bosibl.

Mae dementia ar fy ngwraig ac mae hi yn yr ysbyty i gael llawdriniaeth. A oes gennych chi unrhyw gyngor?

Ceisiwch aros gyda'ch gwraig gymaint ag y gallwch chi. Efallai y bydd hi'n ymddangos yn fwy dryslyd oherwydd ei bod hi mewn lle dieithr ac y bydd y driniaeth a'r anaesthetig yn ei gwneud yn fwy dryslyd dros dro. Siaradwch â'r nyrs sy'n gofalu am eich gwraig a gofalwch fod y staff yn ymwybodol o ddiagnosis eich gwraig. Mae llawer o ysbytai erbyn hyn yn annog pobl i aros gyda pherthnasau sydd â dementia (gweler www. johnscampaign.org.uk).

9
Sut mae'ch ymennydd yn gweithio

YR YMWYBOD A'R ISYMWYBOD

Yr ymennydd yw'r organ fwyaf cymhleth a soffistigedig o bell ffordd sydd yn y corff. Gyda'n hymennydd rydym ni'n gallu meddwl, cofio, symud o gwmpas a siarad, dehongli'r hyn rydym yn ei weld, clywed, arogleuo, blasu a theimlo a phenderfynu. Mae'r prosesau hyn i gyd yn rhai ymwybodol: hynny yw, rydym yn gwybod amdanyn nhw.

Mae'r ymennydd hefyd yn gwneud llawer o bethau yn ein hisymwybod, nad ydym yn ymwybodol ohonyn nhw. Er enghraifft, mae'n rheoli systemau hanfodol ein cyrff – anadlu, curiad y galon a phwysedd gwaed. Mae hefyd yn cynhyrchu nifer o hormonau sy'n rheoli ein metabolaeth a systemau eraill ein corff.

ANATOMI'R YMENNYDD

Mae ymennydd iach oedolyn yn pwyso tua 1.3 cilogram (tua 2 bwys). Credir bod ynddo tua 100 biliwn o nerfgelloedd a elwir yn niwronau. Pan fyddwn yn cyrraedd ein llencyndod, nid yw'r ymennydd yn creu rhagor o niwronau newydd.

Mae maint a ffurfiad y niwronau hyn yn dibynnu ar eu rôl. Er enghraifft, mae'r niwronau sy'n gyfrifol am symud yn wahanol iawn i'r rhai sy'n dehongli'r hyn a welwn ni.

Mae niwronau'n galluogi ysgogiadau trydanol bach i drosglwyddo negeseuon rhwng rhannau gwahanol o'r ymennydd a gweddill y corff. Mae'r ymennydd yn organ drefnus iawn ac yn hytrach na bod yn un màs o niwronau, mae'r rhannau gwahanol ohono'n cyfathrebu â'i gilydd drwy gyfrwng bwndeli o niwronau a elwir yn llwybrau niwronau. Canlyniad hyn yw gwead o gysylltiadau hynod o drefnus.

Trosglwyddo rhwng nerfau

Mae niwronau'n cysylltu â'i gilydd drwy fylchau mân iawn rhwng nerfgelloedd a elwir yn synapsau. Mae gan y niwronau rhwng 1000 a 10,000 o synapsau ac maen nhw'n cyfathrebu â'i gilydd drwy'r adeg drwy ollwng cemegion a elwir yn niwrodrosglwyddyddion (*neurotransmitters*). (Rydych yn gallu deall yr hyn rydych yn ei ddarllen yn y llyfr hwn oherwydd bod nerfgelloedd yn tanio negeseuon ac yn gollwng niwrodrosglwyddyddion.)

Pan fydd ysgogiad trydanol yn teithio i lawr niwron, bydd y synapsau'n cael eu tanio i ollwng ychydig o niwrodrosglwyddydd (Ffigur 9.1). Mae llawer o fathau gwahanol o niwrodrosglwyddyddion a phob un yn gwneud gwaith gwahanol. Er enghraifft, mae rhai niwrodrosglwyddyddion yn ysgogi'r nerfgell nesaf yn y gadwyn a bydd eraill yn ei hatal.

143

Mae ffurfiad pob niwron yn debyg, waeth beth yw ei bwrpas. Y niwclews yw canol y niwron. Fel arfer, mae nifer o ffibrau byr, sef dendridau, yn rhedeg i'r niwclews ac mae'r rhain yn trosglwyddo ysgogiadau nerfol i'r canol. Mae un ffibr, sef acson, yn trosglwyddo ysgogiadau nerfol oddi wrth y niwclews.

I gadw'n iach, mae angen llawer o ocsigen a glwcos ar yr ymennydd. Pibellau gwaed mawr (y rhydwelïau carotid a rhydwelïau'r asgwrn cefn) sy'n cyflenwi'r rhain. Mae tua litr o waed (tua phumed ran o'r hyn y mae'r galon yn ei gynhyrchu) yn mynd drwy'r ymennydd bob munud. Gall unrhyw doriad yn y cyflenwad gwaed arwain yn gyflym at ddifrod i'r nerfgelloedd.

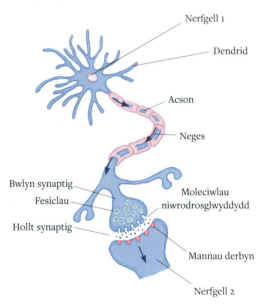

Ffigur 9.1: Trosglwyddo neges: Mae moleciwlau niwrodrosglwyddydd yn croesi'r hollt synaptig ac yn glynu wrth y mannau derbyn ac felly'n trosglwyddo'r neges

SWYDDOGAETHAU RHANNAU GWAHANOL YR YMENNYDD

Rhennir yr ymennydd yn ddwy brif adran: cortecs yw enw'r haenen allanol (credir mai yma y mae prosesau ymwybodol yn digwydd) a medwla yw enw'r haenen fewnol. Yn ddwfn yn yr ymennydd mae'r rhannau a elwir yn ymennydd canol a choesyn yr ymennydd. Mewn ffordd sy'n eithaf tebyg i gyfnewidfa ffôn gymhleth, mae'r rhannau hyn yn cyfuno ysgogiadau o rannau gwahanol yr ymennydd â'r wybodaeth sy'n dod o weddill y corff. Hefyd mae'n rheoli ein prosesau isymwybodol fel pwysedd gwaed a churiad y galon. Mae'r cerebelwm, sydd yng nghefn yr ymennydd, yn helpu i reoli symudiadau.

Y cortecs

Mae'r cortecs, ar wyneb yr ymennydd, wedi'i rannu yn llabedau sydd â swyddogaethau gwahanol (Ffigur 9.2). Er bod hyn, mae'n debyg, yn gorsymleiddio sut mae'r ymennydd yn gweithio, mae'n ddefnyddiol gwybod pa labedau sy'n bwysig ar gyfer pa brosesau yn yr ymennydd.

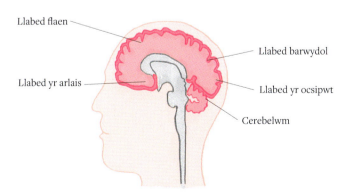

Ffigur 9.2: Llabedau'r ymennydd

145

Y llabed flaen

Y llabed flaen, yn hanner blaen yr ymennydd, yw'r llabed fwyaf. Mae sawl swyddogaeth wahanol ganddi, yn cynnwys meddwl yn haniaethol, cynllunio a phenderfynu. Credir mai dyma'r rhan sy'n rheoli cymhelliad ac ymddygiad; gall rhai pobl sydd wedi cael niwed i'w llabedau blaen wneud pethau rhyfedd sy'n creu embaras; gall eraill fod yn swrth ac yn ddifater. Rhan ôl y llabed flaen sy'n rheoli symudiadau gwirfoddol.

Llabed barwydol

Mae'r llabed barwydol y tu ôl i'r llabed flaen. Mae hon yn ymwneud â dehongli cyffwrdd a gwrando ac yn casglu gwybodaeth gan systemau synhwyraidd eraill (er enghraifft, golwg) i'n helpu ni i gyfuno ymdeimladau eraill. Gall niwed i'r llabed barwydol achosi i rywun fethu deall ymatebion synhwyraidd.

Llabed yr arlais

Mae llabed yr arlais yn swatio o dan y llabedau blaen a pharwydol. Credir mai yma y mae prif safle'r cof ond mae hefyd yn ymwneud â'r clyw a deall lleferydd. Mae hi'n anodd iawn i bobl sydd wedi cael niwed i labed yr arlais gofio pethau. Credir mai'r hipocampws, sy'n rhan o labed yr arlais, yw prif ganolfan y cof. Caiff ei effeithio'n gynnar yn ystod clefyd Alzheimer.

Llabed yr ocsipwt

Mae llabed yr ocsipwt yng nghefn yr ymennydd. Hwn yw'r prif ran sy'n gyfrifol am ddehongli'r golwg.

COF

Y broses o gofnodi gwybodaeth newydd, ei chadw a'i galw'n ôl pan fydd ei hangen, yw cof. Rydym yn creu atgofion newydd drwy'r amser.

Mae gwyddonwyr wedi awgrymu bod dau brif fath o gof.

Cof tymor byr

Mae'r cof tymor byr yn dal ychydig o wybodaeth (tua saith eitem) am hyd at 30 eiliad. Er enghraifft, rydym yn aml yn gallu cofio rhif ffôn newydd neu rif cofrestru cerbyd am ddigon o amser i ni ei daro ar bapur. Os oes rhywbeth arall yn tynnu'n sylw, rydym yn anghofio'r wybodaeth yma'n gyflym.

Cof tymor hir

Gall atgofion symud o'r cof tymor byr i'r cof tymor hir. Mae atgofion yn gallu symud i'r cof tymor hir oherwydd ein bod ni'n eu hailadrodd dro ar ôl tro (er enghraifft, dysgu llinellau drama) neu oherwydd eu bod yn gysylltiedig ag emosiwn cryf. Mae pobl fel arfer yn gallu cofio digwyddiadau a'u gwnaeth nhw'n drist iawn neu a gododd ofn arnyn nhw. Gelwir hwn yn gof fflach (*flashbulb memory*).

Gellir dosbarthu'r cof hefyd yn ôl y math o wybodaeth y mae'n ei chadw. Nid oes angen ymdrech ymwybodol o gwbl ar gof trefniadol (*procedural*). Mae'n cyfeirio'n aml at y pethau rydym yn eu gwneud drwy'r amser. Er enghraifft, ni fyddai'n rhaid i yrrwr car profiadol feddwl 'Sut ydw i'n gwneud hyn?' bob tro y bydd y tu ôl i'r llyw.

Mae cof echblyg (*explicit*) yn gofyn am ymdrech ymwybodol – os ydych chi'n dymuno mynd i weld ffrind, mae'n rhaid i chi gofio'i gyfeiriad. Mae'r cof echblyg weithiau'n cael ei rannu eto yn gof semantig a chof cyfnodol.

Mae cof semantig yn amgodio ffeithiau cyffredinol, sydd heb gysylltiad ag unrhyw amser, lle, na chyd-destun neilltuol. Mae cof cyfnodol yn gysylltiedig â chyd-destun neilltuol. Er enghraifft, byddai cofio bod rhywun yn ffrind i chi yn gof semantig. Cof cyfnodol fyddai cofio'r tro diwethaf i chi ei weld neu gofio eich bod chi a'ch ffrind wedi bod ar lan y môr gyda'ch gilydd un prynhawn poeth ym mis Awst y llynedd.

EFFEITHIAU DEMENTIA AR FFURFIAD YR YMENNYDD A'I WEITHREDIAD

Un o brif nodweddion y rhan fwyaf o fathau o ddementia yw'r ymennydd yn crebachu. Credir bod hyn yn digwydd oherwydd bod rhai o'r nerfgelloedd yn marw. Gyda'r rhan fwyaf o fathau o ddementia, mae faint o gemegion sydd yn yr ymennydd yn lleihau ac mae hyn yn arwain at broblemau yng ngallu'r nerfgelloedd i gyfathrebu â'i gilydd.

Credir bod colli'r nerfgelloedd ynghyd â cholli'r cemegion yn arwain at symptomau fel colli'r cof, newid personoliaeth a thrafferthion gyda meddwl, cynllunio ac iaith.

Er y gall hyn amrywio o'r naill i'r llall, mae'r rhan fwyaf o bobl â dementia yn datblygu problemau gyda'u cof i ddechrau. Mae'r gallu i gadw atgofion newydd yn dirywio, yn aml ni fydd hyn yn amlwg iawn i ddechrau.

Yr atgofion diweddaraf yw'r rhai sy'n diflannu gyntaf pan fydd dementia ar rywun. Bydd atgofion plentyndod yn parhau ymhell ar ôl i rywun anghofio am ddigwyddiadau diweddar.

Pwyntiau allweddol

- Mae'r ymennydd yn organ gymhleth â rhwydwaith drefnus o 100 biliwn o nerfgelloedd
- Mae celloedd yr ymennydd yn cyfathrebu â'i gilydd drwy gemegion a elwir yn niwrodrosglwyddyddion
- Mewn dementia, mae llai o nerfgelloedd a niwrodrosglwyddyddion

10
Gwybodaeth ddefnyddiol

CYFEIRIADAU DEFNYDDIOL

Rydym wedi cynnwys manylion y sefydliadau canlynol, oherwydd eu bod nhw'n gallu bod yn fuddiol fel man cychwyn i'r darllenydd. Nid oes gennym, fodd bynnag, brofiad uniongyrchol o bob sefydliad ac oherwydd hynny ni allwn dystio y bydd popeth ynglŷn â'r sefydliadau hynny'n ddibynadwy nac yn berthnasol i Gymru. Felly mae'n rhaid i ddarllenwyr bwyso a mesur gwerth y wybodaeth a gyflwynir gan y sefydliadau hyn pan fyddan nhw'n gwneud rhagor o ymholiadau.

Age Cymru
Age Cymru, Llawr Gwaelod, Mariners House, Llys Trident, Heol East Moors, Caerdydd, CF24 5TD
Llinell gymorth: 08000 223 444
Gwefan: www.ageuk.org.uk/cymru

Age UK Llundain
Tavis House, 1–6 Tavistock Square, Llundain WC1H 9NA
Llinell gymorth: 0800 678 1602

Mae Age UK yn ymchwilio i anghenion pobl hŷn ac yn cyfrannu at lunio polisïau. Mae'n rhoi cyngor ar ystod o bynciau ar gyfer pobl dros 50 oed, yn cyhoeddi llyfrau ac yn cynnig gwasanaethau drwy ganghennau lleol.

Alzheimer's Disease International
64 Great Suffolk Street, Llundain SE1 0BL
Ffôn: 020 7981 0880
Gwefan: www.alz.co.uk
Ffederasiwn byd-eang cymdeithasau Alzheimer.

Alzheimer Scotland – Action on Dementia
160 Dundee Street, Caeredin EH11 1DQ
Ffôn: 0131 243 1453
Llinell gymorth: 0808 808 3000
Gwefan: www.alzscot.org
Darparu cyngor, cefnogaeth a gwasanaethau lleol yn yr Alban i bobl sydd â dementia a'u gofalwyr.

The Alzheimer Society of Ireland
Temple Road, Blackrock, Co. Dublin, Iwerddon
Ffôn: +353 (0)1 207 3800
Llinell gymorth: 1800 341 341
Gwefan: www.alzheimer.ie
Prif wasanaeth penodol Iwerddon ar gyfer dementia.

Alzheimer's Society
43–44 Crutched Friars, Llundain EC3N 2AE
Ffôn: 0330 333 0804
Llinell gymorth: 0300 222 1122
Gwefan: www.alzheimers.org.uk
Y brif elusen ymchwil a chefnogaeth yng Nghymru, Lloegr a Gogledd Iwerddon i unrhyw un sy wedi'i effeithio gan unrhyw ffurf ar ddementia. Chwiliwch am y swyddfa agosaf atoch chi ar y wefan.

Arolygiaeth Gofal Cymru

Swyddfa Llywodraeth Cymru, Sarn Mynach, Cyffordd
Llandudno LL31 9RZ
Ffôn: 0300 7900 126
Gwefan: www.arolygiaethgofal.cymru
Rheoleiddiwr annibynnol gofal cymdeithasol a gofal plant yng
Nghymru, yn arolygu cartrefi gofal a gwasanaethau cymorth
cartref.

Asiantaeth Trwyddedu Gyrwyr a Cherbydau (DVLA)

Heol Longview, Abertawe SA6 7JL
Ffôn (ymholiadau Cymraeg): 0300 790 6819
Gwefan: www.dvla.gov.uk
Gwybodaeth am gyflyrau gwahanol, er enghraifft dementia a
gyrru.

Carers Trust

Unit 101, 164–180 Union Street, Llundain SE1 0LH.
Ffôn: 0300 772 9600
Gwefan: www.carers.org

Ymddiriedolaeth Gofalwyr Cymru

3ydd Llawr, 33–35 Heol y Gadeirlan, Caerdydd CF11 9HB
Ffôn: 0300 772 9702
E-bost: info@carerswales.org
Mae Crossroads a Princess Royal Trust for Carers wedi
cyfuno i ffurfio'r Carers Trust. Hwn yw'r darparwr mwyaf o
wasanaethau cefnogol llawn i ofalwyr yn y Deyrnas Unedig.
Mae'n cynnig gwybodaeth o ansawdd, cyngor a gwasanaethau
cefnogi ar gyfer gofalwyr gan gynnwys gofalwyr ifanc.

Carers Wales

Uned 5, Ynys Bridge Court, Caerdydd CF15 9SS
Ffôn: 029 2081 1370
Gwefan: www.carersuk.org/wales

Annog gofalwyr i adnabod eu hanghenion hwy. Cynnig gwybodaeth, cyngor a chefnogaeth i'r holl bobl sy'n ofalwyr di-dâl ac yn gofalu am bobl sydd â phroblemau meddygol neu broblemau eraill. Mae canghennau yn trefnu gweithgareddau, digwyddiadau cymdeithasol a llinellau cymorth i helpu gofalwyr.

CJD Support Network

PO Box 346, Market Drayton, Swydd Amwythig TF9 4WN
Llinell gymorth: 0800 0853 527
Gwefan: www.cjdsupport.net
E-bost: support@cjdsupport.net
Mae'n cynnig cymorth a chefnogaeth i bobl sydd â phob math o CJD a'u gofalwyr a gweithwyr proffesiynol sy'n eu trin. Mae'n darparu llinell gymorth genedlaethol a gall gynorthwyo teuluoedd â materion ariannol.

Cyngor Ar Bopeth/Citizens Advice

3rd Floor North, 200 Aldersgate Street, Llundain EC1A 4HD
Llinell gyngor: 03444 77 20 20
Gwefan: www.citizensadvice.org.uk/cymraeg
Pencadlys yr elusen genedlaethol sy'n cynnig pob math o gyngor ymarferol, ariannol a chyfreithiol.

Dementia UK

7th Floor, One Aldgate, Llundain EC3N 1RE
Ffôn: 020 8036 5400
Llinell gymorth: 0800 888 6678
Gwefan: www.dementiauk.org
Prif wasanaeth Dementia UK yw darparu nyrsys dementia (Nyrsys Admiral) sy'n gallu cynnig cyngor ymarferol, cefnogaeth emosiynol a sgiliau i deuluoedd pobl sydd â dementia.

Disability Service Centre – gov.uk
Gwefan: www.gov.uk/disability-benefits-helpline
Mae'r rhifau ffôn yn amrywio yn ôl pwnc yr ymholiad.
Cyngor a gwybodaeth am gais rydych chi wedi'i wneud yn barod ar gyfer Lwfans Gweini neu Daliad Annibyniaeth Personol.

Elderly Accommodation Counsel
3rd Floor, 89 Albert Embankment, Llundain SE1 7TP
Ffôn: 0800 377 7070
Gwefan: www.eac.org.uk
Ffynhonnell gwybodaeth am lety i bobl hŷn.

Hospice UK
34–44 Britannia Street, Llundain WC1X 9JG
Ffôn: 020 7520 8200
Gwefan: www.hospiceuk.org.uk
Hyrwyddo ehangu gofal lliniarol i bawb sydd â chyflyrau sy'n bygwth eu bywydau ac yn eu cyfyngu.

Huntington's Disease Association
Suite 24, Liverpool Science Park Innovation Centre IC1, 131 Mount Pleasant, Lerpwl L3 5TF
Ffôn: 0151 331 5444
Gwefan: www.hda.org.uk
Cynnig cefnogaeth i unrhyw un sydd wedi'i effeithio gan glefyd Huntington. Mae rhwydwaith o gynghorwyr gofal ar gael i roi gwybodaeth, gweithdai a gwasanaethau addysgol ar y cyflwr.

Innovations in Dementia
PO Box 616, Exeter EX1 9JB
Ffôn: 01392 420076
E-bost: ideas@myld.org.uk
Gwefan: www.innovationsionsindementia.org.uk
Cwmni cymunedol sy'n ymwneud â phobl sydd â dementia.

Credu mewn hawliau dynol a photensial pobl sydd â dementia. Annog agwedd gadarnhaol.

National Institute for Health and Care Excellence (NICE)

10 Spring Gardens, Llundain SW1A 2BU
Ffôn: 0300 323 0140
E-bost: nice@nice.org.uk
Gwefan: www.nice.org.uk
Mae'n cynnig arweiniad ar hyrwyddo iechyd da ac atal afiechydon a'u trin. Mae taflenni i gleifion ar gael ar gyfer yr holl gyngor a gynigir.

Parkinson's UK

215 Vauxhall Bridge Road, Llundain SW1V 1EJ
Ffôn: 020 7931 8080
Llinell gymorth: 0808 800 0303
Gwefan: www.parkinsons.org.uk
Gwybodaeth a chefnogaeth i bobl sydd â chlefyd Parkinson a'u gofalwyr.

Swyddfa'r Gwarcheidwad Cyhoeddus

PO Box 16185, Birmingham B2 2WH
Ffôn: 0300 456 0300
Gwefan: www.gov.uk a chwiliwch am 'Swyddfa'r Gwarcheidwad Cyhoeddus'.
Gwarchod pobl yng Nghymru a Lloegr nad oes ganddyn nhw'r galluedd meddyliol i wneud rhai penderfyniadau drostyn nhw'u hunain ynglŷn ag iechyd ac arian.

Y Llys Gwarchod

Gweler Swyddfa'r Gwarcheidwad Cyhoeddus

CYSYLLTIADAU DEFNYDDIOL

BBC
www.bbc.co.uk/health
Gwefan ddefnyddiol â llawer o gyngor a gwybodaeth
ddefnyddiol. Mae'n cynnwys cysylltiadau â phynciau
perthnasol eraill.

Healthtalk.org
www.healthtalkonline.org
Yn rhoi gwybodaeth a chefnogaeth sy'n seiliedig ar brofiadau
pobl.

Lewy Body Society
www.lewybody.org
Yn codi ymwybyddiaeth ac yn addysgu'r cyhoedd, gweithwyr
proffesiynol meddygol a'r rheini sydd mewn sefyllfa i wneud
penderfyniadau ym maes gofal iechyd am ddementia gyda
chyrff Lewy.

Rare Dementia Support
www.raredementiasupport.org
Yn rhedeg gwasanaethau cymorth i bobl sy'n byw gyda
dementia blaenarleisiol a mathau prin eraill o ddementia.

Solicitors for the Elderly
www.sfe.legal
Mudiad cenedlaethol o gyfreithwyr, bargyfreithwyr a
gweithredwyr cyfreithiol sy'n ymroddedig i ddarparu cyngor
cyfreithiol cadarn, cynhwysfawr ac annibynnol i bobl hŷn, eu
teuluoedd a'u gofalwyr.

Mynegai

157